A MULHER NO LIMIAR DE DOIS MUNDOS

A jornada espiritual da menopausa

Dados Internacionais de Catalogação na Publicação (CIP)
(Câmara Brasileira do Livro, SP, Brasil)

Andrews, Lynn V.
A mulher no limiar de dois mundos: a jornada espiritual da menopausa / Lynn V. Andrews; [tradução Carmen Fischer; ilustrações Ginni Joyner] – São Paulo: Ágora, 1995.

Título original: Woman at the edge of two worlds : the spiritual journey through menopause.

ISBN 978-85-7183-505-4

1. Andrews, Lynn V. 2. Menopausa – Aspectos psicológicos 3. Mulheres de meia idade – Vida religiosa 4. Mulheres idosas – Vida religiosa 5. Xamanismo I. Título.

95-3816   CDD-612.665

Índice para catálogo sistemático:
1. Menopausa: Mulheres: Fisiologia Humana   612.665

www.summus.com.br

Compre em lugar de fotocopiar.
Cada real que você dá por um livro recompensa seus autores
e os convida a produzir mais sobre o tema;
incentiva seus editores a encomendar, traduzir e publicar
outras obras sobre o assunto;
e paga aos livreiros por estocar e levar até você livros
para a sua informação e o seu entretenimento.
Cada real que você dá pela fotocópia não autorizada de um livro
financia o crime
e ajuda a matar a produção intelectual de seu país.

Do original em língua inglesa
WOMAN AT THE EDGE OF TWO WORLDS
The spiritual journey through menopause
Copyright © 1993 by Lynn V. Andrews,
publicado por acordo com Harper Collins Publishers Inc.
Direitos desta tradução adquiridos por Summus Editorial

Tradução: **Carmen Fischer**
Capa: **Laurabeatriz**
Ilustrações do original: **Ginni Joyner**

Editora Ágora

Departamento editorial
Rua Itapicuru, 613 – 7º andar
05006-000 – São Paulo – SP
Fone: (11) 3872-3322
http://www.editoraagora.com.br
e-mail: agora@editoraagora.com.br

Atendimento ao consumidor
Summus Editorial
Fone: (11) 3865-9890

Vendas por atacado
Fone: (11) 3873-8638
e-mail: vendas@summus.com.br

Impresso no Brasil

A mulher no limiar de dois mundos trata do fogo interior e dos grandes mistérios que envolvem a passagem da menopausa. Este livro é dedicado a todas as mulheres que atravessaram esse limiar e se transformaram. Dediquei cada capítulo a um aspecto diferente de seu fogo sagrado. Quer você tenha sentido os calores súbitos da transformação e a alquimia do fogo ou não, este livro é dedicado a você, mulher sagrada, guardiã do fogo eterno.

Alguns dos nomes e lugares mencionados foram alterados para proteger a privacidade das pessoas envolvidas.

Os rituais aqui descritos têm origem na antiga história da Irmandade dos Escudos e não nos costumes e tradições tribais dos índios norte-americanos.

Agnes contemplava a correnteza do rio. Ela começou a falar muito calmamente. "Como nós mulheres temos afinidade com a água, faz-nos bem estarmos perto da água corrente quando estamos menstruadas.

Nascemos das primeiras palavras da mãe primordial. Viemos do vazio e transportamos o vazio. Nosso sangue é o corpo dela. Ele é sagrado. Diz-se que ela originou-se da água e da terra e é por isso que nosso sangue retornará à terra e nosso espírito às águas do sonho sagrado. Seu poder será glorificado por toda a terra e todos os homens a reconhecerão como a origem. E agora que você transformou seu corpo no tempo do útero, tome cuidado para que a semente de sangue de nossa mãe primordial seja bem-vinda de um modo sagrado, pois provém do corpo dela. A carne dela foi queimada para que você pudesse ganhar vida. A fumaça dela trará sabedoria para o seu caminho. A fumaça é uma dádiva do coração da mãe primeira. Guarde a memória dela, pois ela vive dentro de você. Quando você come, é ela quem come. Quando você faz fumaça, é ela quem leva sua mensagem para longe. Quando você sangra, é ela quem sangra. Quando você entrega seu corpo para ser compartilhado no amor, permita que todas as partes de você a reverenciem para que o amor dela possa se realizar nesta grande terra."

Agnes Alce que Uiva
Flight of the Seventh Moon

SUMÁRIO

Prefácio	11
Introdução	15

JUNTANDO A LENHA
A busca do conhecimento.
O que está ocorrendo em seu corpo? 21

1. A negação do fogo	23
2. A morte e o renascimento do fogo................	31
3. O fim da negação	37
4. Desencanto...	45

FAZENDO FOGO
Peça poder enquanto seu corpo muda 53

5. O espelho da menopausa............................	55
6. Linda	65
7. Mesmo quando você estiver desnorteada	77

ACENDENDO O FOGO
Conflito de medos: mereço ser sábia? 83

8. A magia da estrada.................................	85
9. Phyllis..	91

CAVALGANDO O FOGO
A alquimia das ondas de calor........................ 103

10. Recapitulação 105
11. Beth 111
12. O adesivo transdérmico 121

DANÇANDO O FOGO
Vivendo com a menopausa 131

13. Confortando o espírito 133
14. Mary 139
15. A mulher-osso: a protetora dos ossos 149
16. As quatro direções do sangue sábio 159
17. A velha mamãe esquilo e suas ervas 167

O CALDEIRÃO DA VERDADE
Após ter compreendido a menopausa 179

18. A morada da lua minguante 181
19. A mulher no limiar de dois mundos 193
20. Fogo lunar 205
21. Retorno 209
22. O abismo do medo 215

O DESPERTAR DO FOGO INTERIOR
Reacendendo o calor do início da menopausa 221

23. Iniciação 223
24. O guerreiro oculto da menopausa 237
25. O portal da mulher em transformação 251
Post Scriptum 259

PREFÁCIO

ANIMAL TUTELAR: O SURGIMENTO DO FOGO

Lashika, a loba, com os olhos brilhando feito chamas cor de âmbar na escuridão, deitou-se em volta de seus filhotes. Eles dormiam numa toca escura cavada no flanco de uma montanha pelas geleiras que se deslocaram lentamente há séculos. Ela estava de barriga cheia e, normalmente, dormiria por toda a longa noite e o dia seguinte se o vento alto do Norte não estivesse trazendo um ruído estranho. Ela ergueu a cabeça, subitamente alerta, procurando ouvir algum sinal de perigo, qualquer coisa que pudesse prejudicar a vida de sua pequena família. Ela era a loba alfa, a mais forte, a mais negra e mais poderosa de sua espécie. O restante de sua alcatéia, bem como seu macho, dormiam, enrodilhados e tranqüilos em seus sonhos, mas Lashika pressentiu alguma agitação no ar, algo que agitou seu coração e a força vital do Grande Espírito que percorria todas as células de seu corpo.

Lentamente, tentando não perturbar os filhotes, ela arrastou-se até a saída da toca. Olhou para o céu noturno. A lua minguante estava em seu zênite. Ela farejou o ar e sentiu o aroma da fumaça de cedro. Aguçou o ouvido. Estava já plenamente desperta. Ouviu sons de canto. De vez em quando, o vento norte trazia até ela os sons das vozes de fêmeas humanas e, em seguida, se deslocava. Ela podia ouvir a batida de tambores ao longe. Sua curiosidade atiçou-a ao máximo. Olhou em todas as direções. Nenhuma folha se movia. Ocasionalmente, um vento oeste soprava sobre o chão e agitava o pêlo espesso que crescia negro com manchas brancas em volta de seu pescoço, preparando-a para os meses do longo inverno que se aproximava. Furtivamente, ela estendeu as patas e estirou-se. Em seguida, desceu a trilha que levava a um bosque de álamos de onde pareciam provir as vozes. Percorreu rápida e silenciosamente a trilha de veados que ia dar diretamente no meio das árvores. O som da música, das batidas de tambores e o canto das mulheres aproximavam-se cada vez mais, à medida que ela corria pelas trevas protegida pelas grandes árvores. Era final de outono e fazia um calor incomum. Ela estava animada e feliz por estar percorrendo uma trilha na noite, sua hora preferida de caçar, de penetrar no desconhecido. Logo, o canto ficou muito alto e a terra pulsava com a batida animada do grande tambor. Ela saiu da trilha de veados para a vegetação rasteira, agachando-se e continuando a mover-se rápida e furtivamente, com o ventre tocando o chão, sem fazer qualquer ruído. Estava fascinada. Suas orelhas voltaram-se para a frente, prestando atenção em todos os sons que atravessavam seu caminho. Farejava o aroma pungente da fumaça de cedro e do capim. Havia uma luz no meio do bosque, brilhando como um sol gigantesco no céu da meia-noite. Ela passou a arrastar-se por baixo dos arbustos e dos ramos das cerejeiras silvestres, suas patas sentindo as folhas no chão que amorteciam qualquer ruído seu.

Arrastou-se até a beira de um rochedo e contemplou abaixo o círculo sagrado da Irmandade dos Escudos. Ela conhecia aquelas mulheres há muito tempo. Tinham-lhe trazido poder em seus rituais e ela havia levado poder a elas. Ocasionalmente, viam-se num desfiladeiro ou sobre uma colina, ao longe. Jamais estiveram tão próximas, mas reverenciaram-se mutuamente em seus respectivos rituais, respeitando e aprendendo com a existência uma da outra. Lashika estendeu suas patas dianteiras. Estirou as pontas e arranhou a terra com suas garras. Apreciando o ritual à sua frente, descansou a cabeça sobre as patas, porém, pronta para fugir se fosse necessário. Ela percebeu que algo solene estava ocorrendo e que não corria nenhum risco.

Uma mulher usando um vestido branco de pele de corça ornado com uma faixa vermelha e belos sapatos vermelhos de couro de gamo encontrava-se no centro do círculo. Fazia ofertas sagradas, pequenos embrulhos medicinais que representavam diferentes aspectos de sua vida. Ela os oferecia a um círculo sagrado de pedras à sua frente. No interior do círculo havia varas cerimoniais, quatro escudos e cestos. Lashika não conseguia enxergar o conteúdo dos cestos; alguns pareciam cheios de alimentos, comida humana de alguma espécie. Havia muitas mulheres reunidas. Elas eram anciãs. Eram avós. Por vezes, o fogo crepitava, emitindo fagulhas que subiam em espiral com o vento. As faces das mulheres ficavam então iluminadas, suas peles escuras, bronzeadas pelo sol, as linhas do tempo e da experiência de vida marcando suas faces. Lashika estava interessada em ver os olhos delas. Ela sempre olhava nos olhos dos seres que encontrava e lia neles sua idade, sua capacidade, seu poder e seu medo. Ela não viu medo naqueles olhos, mas uma força que jamais tinha visto nas outras faces humanas que havia encontrado em sua vida. Ela compreendeu a visão delas. Era quase como se falassem a mesma língua. Era a linguagem da selva, a percepção de equilíbrio primordial entre a natureza e a sobrevivência dos mais aptos em um mundo de beleza indomada. Suspirou profundamente, sem compreender a profundidade de sua percepção.

As mulheres realizaram uma dança lenta, em círculo, por um longo tempo. A mulher vestida de branco, no centro, continou a orar junto ao altar no círculo sagrado. Ela devia ser a mulher alfa, Lashika pensou consigo mesma. Ela farejou novamente o ar em reconhecimento de outra poderosa fêmea em seu meio. Se ela tivesse que passar para uma posição de combate, em defesa de seus filhotes, seria com esta humana que ela teria que lutar. Ela sabia interiormente que venceria. Lashika nascera para ser chefe da alcatéia e jamais em sua vida tinha vacilado no reconhecimento de seu próprio poder. Ela olhou para aquela mulher realizando ali um ritual com suas varas cerimoniais e o fogo crepitante, enquanto o canto das vozes das mulheres e as batidas de tambor vinham de algum lugar das sombras em volta do círculo, e Lashika prestou-lhe homenagem. Ela sentiu compaixão, se é que isso era possível, como sentia por seus filhotes. Sentiu uma conexão sincera com aquela mulher. Lentamente, a mulher virou-se de sua cerimônia e olhou para Lashika. Ela perscrutou as trevas, sentindo os olhos predatórios da loba, seu poder animal no mundo do espírito. Sentiu apoio e reconhecimento; se não no mundo físico, sentiu-o no espírito.

Ela virou-se novamente quando duas mulheres elevaram uma pele de alce sobre suas cabeças. As mulheres tinham longas tranças grisalhas que alcançavam a cintura. Elas usavam cores belas e intensas de outra terra, *huipiles* com bordados cor-de-rosa e vermelhos, e longas saias de tecido amarelo e azul. Eram mulheres provenientes de nações que ficavam ao sul do continente onde se encontravam. A mulher com vestido branco de pele de corça curvou-se, dançando ao ritmo das batidas e movendo-se sob a pele de alce. Agora ela estava chorando. Esqueceu a percepção da loba e sua presença. Esqueceu tudo à sua volta e lamentou a despedida da vida como ela a havia conhecido. Sofria com o fim de sua fertilidade, sua capacidade de ter filhos. Chorava e se lamentava para a lua minguante e sabia, como Lashika pressentia, que sua vida tinha mudado para sempre. Aquela não era uma despedida trágica ou vergonhosa, mas uma passagem para um novo mundo do outro lado da pele de alce. Ela era agora uma mulher de sangue sábio. As mulheres reuniram-se à sua volta, abandonando-se à dança frenética. Elas atiravam algo de seus dedos que provocava faíscas no ar e riam, choravam e abraçavam-se, celebrando a transformação de si mesmas na nova deusa da vida. Lashika levantou a cabeça e voltou-a para o lado. Ela reconheceu a energia provindo daquelas mulheres. Não era diferente da energia que provinha de sua própria alcatéia quando a reverenciavam como líder. Como a mulher, era ela quem percorria os caminhos da vida e retornava para oferecer força, conhecimento e sabedoria aos outros. Ela era respeitada. De alguma maneira ela entendia aquela mulher. Respeitava-a do fundo de seu ser e emprestava seu espírito à dança das mulheres.

Lashika sabia que tinha que retornar à sua toca e seus filhotes. Ela podia sentir o impulso em seu ventre; sabia que eles estavam sentindo falta dela. Em silêncio prestou homenagem ao círculo que tinha presenciado. Ergueu a cabeça para o céu, inspirou um longo e profundo sopro da fumaça sagrada e, em seguida, virou e moveu-se furtivamente através dos arbustos. A lua encontrava-se agora bem baixo no céu e uma luz tímida surgia no horizonte. Era a hora do lobo, a hora que Lashika mais conhecia. Ela afastou-se da cerimônia, as patas tocando levemente o chão a cada batida do tambor. Alçou-se num galope, transpondo a escuridão com suas poderosas ancas, em direção à sua toca. Seu coração estava tomado por seu ser fraterno. Ela havia testemunhado o nascimento de uma nova forma de existência e força vital. Era o nascimento de uma mestra para um mundo de sabedoria. O nascimento de uma irmã em espírito que, como ela própria, enfrentava com coragem o mundo, colhendo os conhecimentos que encontrava todos os dias, levando-os para seus irmãos e irmãs para que eles pudessem viver em harmonia e equilíbrio sagrado na Mãe Terra.

Lashika parou no topo da colina. Lançando sua grande cabeça para trás, fechou os olhos diante do brilho da lua e soltou um uivo das profundezas de seu espírito. Seu canto de loba era uma homenagem à beleza da vida e clamava por uma irmandade entre todas as fêmeas. A voz de Lashika ecoou através das montanhas ainda por muito tempo após ela ter-se ido.

INTRODUÇÃO

Este é um livro sobre menopausa e espiritualidade, sobre as funções da energia que a mulher possui e como ela pode usar essa energia relacionando-se com seu universo e com o aspecto espiritual e sagrado de seu ser. O problema da menopausa sempre esteve em evidência, mas hoje, quando nós mulheres nascidas após a guerra chegamos a esse momento crítico de nossas vidas, a importância do problema atinge proporções épicas.

Pessoalmente, tive a sorte de efetuar essa difícil passagem sob a orientação de minhas próprias mestras, as anciãs índias Agnes Alce que Uiva e Ruby Muitos Chefes. Para aquelas entre vocês que não estão familiarizadas com minha obra anterior com respeito a essas mulheres, vou tomar um momento para explicar que há muitos anos fui levada até Agnes e Ruby por uma força espiritual demasiadamente. poderosa para ser resistida. Desde nosso primeiro encontro extraordinário, essas mulheres e suas irmãs espirituais, todas membros de um antigo círculo chamado a Irmandade dos Escudos, transmitiramme uma grande sabedoria que guardam em seus corações e mentes. Por minha vez eu passei, a pedido delas, seus sábios ensinamentos através de meus livros, seminários e o trabalho individual com minhas aprendizes.

As mulheres de todas as partes do mundo estão tentando entender o verdadeiro significado, a essência, de suas vidas. Aprendi com minhas mestras que a menopausa é o limiar do tempo mais sagrado da existência terrena da mulher, tempo em que ela pode finalmente descobrir os significados mais profundos que busca. Entretanto, esse rito de passagem é comumente silencioso, uma jornada não mencionada e misteriosa. Fazemos troça de nossas ondas de calor na tentativa de torná-las menos assustadoras. Não fazemos idéia de que tais sintomas de desequilíbrio hormonal são também o acender de um fogo interior que prepara a mulher para uma fase incrivelmente poderosa de sua vida. Ao nos aproximarmos desse novo limiar, foi-me ensinado que a alquimia do calor está presente para purificar o corpo e o espírito de entulhos negativos. Os ataques súbitos de calor precisam ser acolhidos em vez de combatidos. Portanto, ao participar dessa experiência, dance com o calor e conduza-o como a um cavalo irascível, sabendo que está ocorrendo algo que é muito mais importante do que o reequilíbrio físico dos hormônios e as transformações que estão ocorrendo em seu corpo.

A fase de mudanças é um período de liberação em que a mulher começa a colher os frutos de tudo o que ela aprendeu e realizou. É o tempo em que sua vida espiritual, por fim, começa verdadeiramente. A menopausa é um processo de renascimento do qual a mulher emerge com novas responsabilidades, novos espelhos e novo poder. No cerne da menopausa está a descoberta por cada mulher de seu próprio mistério pessoal, uma iluminação de sua relação particular com a totalidade de seu próprio processo de vida. Ao desenvolver-se, ela começa a coreografar as energias do universo de uma maneira completamente nova.

Cada mulher vivencia e expressa essa nova percepção do ser e da sacralidade de uma maneira diferente. Vivida à maneira antiga, como foi-me demonstrada por Agnes e Ruby, essa experiência pode ser profundamente fortalecedora e repleta de alegrias. Para que o efeito seja positivo, esse particular rito de passagem na vida da mulher precisa ser plenamente iluminado para que a ocorrência real da menopausa torne-se não o começo inevitável do envelhecimento e declínio, mas o acesso ao princípio de um novo e maravilhoso modo de vida.

As mulheres de hoje conquistaram posições de importância na política e no trabalho. É mais comumente reconhecido que nos pedem para sermos de tudo para todas as pessoas. Contudo, embora estejamos obtendo poder de várias maneiras, continua existindo um sentimento residual de que com a idade as mulheres perdem a beleza. Permanece as idéia perniciosa de que com a idade ficamos feias. Em conseqüência disso, as mulheres costumam acreditar que perderão terreno para mulheres mais belas e mais jovens, que quando sua beleza exterior se desvanecer, elas perderão seu poder. Se não mudarmos a maneira de perceber o significado mais profundo da vida, essa suposição continuará sendo, pelo menos parcialmente, verdadeira. Nos recônditos de nossas mentes, conservamos uma imagem de uma velha mexendo um caldeirão — a feiticeira. Nos tempos antigos, aquele ser era considerado belo. Ela era uma fazedora de feitiços, a realizadora de mágicas, a provedora de vida nova em um sentido espiritual e sagrado. Com a evolução da sociedade e a passagem do tempo, entretanto, perdemos essa imagem da linda feiticeira. Passamos a vê-la como uma bruxa feia e velha, uma coroa com uma verruga no nariz, postada sobre um caldeirão fervente de trevas, totalmente desprovida de beleza.

Ao aprender a maneira antiga ensinada pela Irmandade dos Escudos, você se familiarizará com a profunda beleza interior que advém com a idade — a beleza que se torna visível pela virtude de seu poder inato. Ao perceber essa beleza, você a expressará e todos com quem você entrar em contato serão influenciados por sua força recémdescoberta, sua consciência elevada e o encanto que emana do fundo de seu ser.

Com a invenção da letra impressa, por Gutemberg, o propósito e a posição da pessoa idosa mudou definitivamente na sociedade. Desde o advento da letra impressa não houve mais necessidade das histórias contadas à luz do fogo, noite adentro. Não há mais casos narrados sabiamente pelos avôs e avós da aldeia que tinham vivido a história que seus descendentes ansiavam por ouvir. Houve um tempo em que os anciãos eram importantes, eles detinham posições respeitáveis. Hoje, tudo isso mudou. Restam poucas aldeias e muito pouco da tradição oral dos trovadores, velhos de cabelos trançados para ensinar aos jovens através da representação, do xamanismo e das lendas sagradas. Atualmente, vamos à biblioteca e lemos a respeito de nossa história, ou ligamos a televisão e assistimos a eventos reencenados diante de nossos olhos. Portanto, o lugar "daqueles que detêm o conhecimento" acabou para sempre, salvo em raras sociedades, nas quais os antigos costumes de narrar foram mantidos. Em uma sociedade desse tipo, aquele-que-sabe-como, um velho ou velha, continua sendo o indivíduo mais poderoso, o mais sábio e respeitado de seus membros. E, tradicionalmente, as mais sábias de todos são as mulheres, as que detêm seu poder e seu sangue. Elas são as mulheres de sangue sábio, as mulheres que passaram pela menopausa.

O xamanismo e as antigas práticas femininas são tão aplicáveis no século XX, como o foram na vida das tribos nativas há seis mil anos. O xamanismo é um modo de entender a energia. Não sendo uma estrutura de crença, ele não interfere na fé pessoal do indivíduo. Portanto, não importa se você é judia, cristã, budista ou o que quer que seja. O xamanismo é um meio de você encontrar suas próprias crenças e luz interior e desenvolver a capacidade de atuar esse poder no mundo.

A Mulher no Limiar de Dois Mundos é um arquétipo, uma figura divina que se encontra no limiar entre o primeiro mundo — o primeiro círculo de poder na vida da mulher — e o segundo. O primeiro mundo é dedicado à existência material: a constituição da família, as práticas de poder que têm a ver com a carreira, as escolhas das relações, o lidar com o condicionamento familiar e social. No segundo círculo de poder — o segundo mundo, no qual a mulher é iniciada pela Mulher no Limiar de Dois Mundos — a grande deusa provê uma ponte para a jornada da mulher até uma vida sagrada e iluminada que marca a segunda metade de sua evolução.

Este livro é também sobre a minha própria experiência íntima com a menopausa. Nele vou relatar como minhas mestras conduziram-me numa jornada sagrada e iluminadora e como eu, por minha vez, pude assistir e guiar outras mulheres através desse processo.

É importante que se compreenda que cada uma das pessoas com as quais trabalho me são muito caras, e mais, nem todas precisam ser assistidas da mesma maneira. Cada uma de nós é única. Cada pessoa necessita de diferentes espelhos para facilitar o crescimento. Uma aprendiz pode precisar ser estimulada apenas com um toque leve, como uma borboleta toca uma flor. Em tais casos, o drama pode tornar-se um vício e um ritual envolvente pode ser totalmente inadequado. Outra pessoa pode necessitar de maior atenção e apoio contínuo, enquanto outra ainda pode ter necessidades irregulares.

Neste livro trabalho com quatro de minhas aprendizes em Los Angeles, que estão vivenciando a menopausa de maneiras muito diversas. Juntas nós criamos novos meios de fortalecer nossas vidas e as vidas de nossos familiares através de uma nova integração espiritual com o mundo cotidiano. Nossos campos energéticos ficam freqüentemente poluídos e, por isso, costumo aliar-me à Irmandade para a limpeza do campo energético de uma aprendiz, quando é o caso. É desnecessário dizer que jamais invado a privacidade de uma pessoa com tal procedimento sem o seu consentimento expresso; e devido à natureza extremamente pessoal dessa limpeza, jamais antes revelei como ela é realizada. Mas acho que esta é a ocasião certa para fazê-lo.

Não se assuste com uma nova idéia como a do xamanismo. É realmente só uma palavra que descreve um modo de viver em equilíbrio, com um pé no mundo da existência física cotidiana e outro numa vida espiritual saudável. O xamanismo não exige que você acredite em qualquer coisa que não seja você mesma.

Muitas mulheres jamais vão além da primeira lição de poder — a de que estamos sozinhas. Demonstro através de meu próprio processo de vida e interações com minhas mestras e aprendizes que não precisamos temer essa realidade, uma vez que a última lição de poder é a de que somos todas verdadeiramente uma só. A menopausa cria uma sensação inerente de isolamento e afastamento em muitas de nós. É uma passagem que experienciamos totalmente a sós. Espero fervorosamente que através desses ensinamentos eu possa lhe oferecer um lugar ao qual recorrer quando você achar que não há nenhum — um caminho através de um labirinto aparentemente intransitável. Quero que você seja capaz de encontrar respostas para as perguntas que não consegue verbalizar.

Este livro lhe mostrará como escolhi outro caminho e como você poderá fazer o mesmo. Descobri que no momento em que começa a mudança de vida é que nasce a verdadeira irmandade com outras mulheres.

Era a "hora do lobo", um pouco antes do alvorecer. No meu sono senti uma brisa fresca na face e ouvi o chamado do alce, agudo e persistente, na semi-escuridão de meu sonho. Reconheci o chamado de Agnes para juntar-me a ela no mundo do espírito, o reino das sombras da viagem astral para a qual voamos com nossas formas de energia, névoas brancas e azuis circundadas por lampejos ocasionais de luz amarela. Guiadas por meu propósito, viajamos até a propriedade de minha aprendiz, Sara, que tinha solicitado nosso poder de limpeza. Ela dormia abaixo de nós, com sua forma astral pairando acima, e seu corpo estava envolto em uma sombra cinzenta e cor de alfazema. Como se estivéssemos nadando sob recifes de corais de formas estranhas, ocasionalmente flutuando, com jatos de luz opacos e iridescentes que surgiam e desapareciam, Agnes e eu começamos a trabalhar. Ela colocou-se em frente a mim e, com a força de nossas vontades, limpamos manchas escuras no campo energético de Sara, emitindo um jato de força e luz entre nós até as manchas desaparecerem. Só fomos embora quando as manchas foram substituídas pela suave luz verde emanada de nossos corações.

No dia seguinte, Sara procurou-me. Sentou-se à minha frente em minha sala de estar em Los Angeles, uma linda mulher. Era um dia frio de novembro e um fogo aconchegante lançava reflexos dourados sobre seu rosto.

"Sou advogada, Lynn, e de alguma maneira os anos passaram sem que eu me desse conta. Estou na menopausa e jamais tive o filho que desejei." Sara disse isso com lágrimas escorrendo pelo rosto.

"Talvez, Sara, eu possa partilhar com você outra forma de nascimento — uma criança divina que está esperando ser parida."

"O que você quer dizer?", ela perguntou, com um brilho de interesse iluminando seus olhos.

"Essa criança divina pode ser seu próprio espírito renascido. Este é o começo de um novo tempo para você — a fase espiritual de sua vida."

Fizemos, juntas, um ritual com batidas de tambor. Em seguida, começamos a prepará-la para sua iniciação com A Mulher no Limiar de Dois Mundos.

JUNTANDO A LENHA

A BUSCA DO CONHECIMENTO
O QUE ESTÁ OCORRENDO
EM SEU CORPO?

A Mulher no Limiar de Dois Mundos *estava parada diante de mim na caverna de minha iniciação.*

"Eu sou o fogo", disse ela, com a face incandescente. "Só posso mover-me para cima, quando queimo. Você, minha filha, é uma aprendiz do fogo. Quer você tenha sonhado com a vasta possibilidade de transformação, quer não, seu corpo é agora seu mestre. Sinta a ardência do calor e dê boas-vindas ao fogo, pois o fogo sou Eu, a deusa mulher que a transforma e prepara para uma vida sagrada. Adquira conhecimentos sobre você mesma e seu corpo. Esses conhecimentos são a lenha de sua chama interior."

1

A NEGAÇÃO DO FOGO

Sempre considerei eventos esportivos como equitação como minúsculos microcosmos da vida, assumindo a forma e representando uma vida inteira de luta e experiência em um ou dois dias. Aquela competição, particular, não foi diferente.

"Pam, você poderia fazer o favor de me ajudar a montar?", pedi a minha treinadora.

"Olhe aqui, menina, se você não consegue montar, não pode cavalgar."

Pam estava tensa e sua pronúncia arrastada do Sul irritou-me. Eu estava esforçando-me para montar. Tinha chovido e eu arregacei as calças até os joelhos para que não ficassem sujas na pista enlameada antes da aula. Continuei tentando, saltando para trás e para a frente num pé só, esforçando-me para erguer a perna o suficiente e poder prender o pé no estribo de minha sela Western.

"Lynn, qual é o problema?", Pam rosnou novamente, olhando impaciente para o relógio.

"Não sei o que é, Pam. A tinturaria deve ter encolhido estas calças. Nunca estiveram tão apertadas. Tenho medo de rasgá-las ao meio."

"Vamos, Lynn", Pam insistiu novamente, "você tem uma prova de equitação. E não temos o dia inteiro, você sabe."

Gotas de suor começavam a cobrir meu lábio superior. O suor estava atingindo meus olhos e irritava minhas pálpebras. Finalmente, com um gemido consegui enfiar o pé no estribo e saltar para o lombo de Magic Lady, minha égua maravilhosa, que ficou de pernas abertas com o meu súbito movimento. Suas narinas tremulavam de expectativa. Seu pescoço arqueou-se como o de um cisne quando ajustei as rédeas. Ela havia sido tratada com perfeição e seu pêlo baio reluzia sob a luz artificial das luminárias da pista.

Pam agarrou minha perna e sacudiu meu joelho. "Vamos, Lynn, recomponha-se. Pelo amor de Deus, por que você está transpirando tanto? Você vai escorregar deste cavalo."

Ela jogou-me uma toalha e eu comecei a passá-la no rosto. Percebendo que minha maquilagem estava desaparecendo na toalha, passei-a de volta para Pam.

"Olha, Pam, eu não sei o que está acontecendo comigo. Talvez esteja apenas nervosa, mas deixe-me em paz, sim." Lágrimas começaram a formar-se em meus olhos.

"Ó meu Deus do céu, não me diga que vai começar a chorar", disse Pam, arrastando o pé na lama. Ela era uma treinadora severa e não tolerava qualquer expressão emocional. Eu levava meus cavalos muito a sério e normalmente mantinha-me em absoluto controle. Meu comportamento e fraqueza estavam afetando-a tanto quanto a mim. Pegando um trapo, ela limpou minhas botas e esporas e desenrolou as pernas de minhas calças, olhando atentamente para as minhas pernas.

"Um pouco de apoio me faria bem", eu disse, esperando que não começasse a debulhar-me em lágrimas antes de chegar até a pista.

"Vamos, Lynn, sinto muito. É que não é comum ver você tão frouxa. Isso me deixa nervosa", disse Pam.

"Também a mim", respondi. "Sinto muito, Pam", murmurei, enquanto nos dirigíamos para o portão.

Outras amazonas atropelavam-se na passagem encoberta que conduzia para a pista, todas nervosas, usando equipamentos Western de cores fortes e com sorrisos apertados. De repente, dei-me conta de que eram todas muito jovens. A maioria das garotas com quem eu iria competir tinha, em média, vinte anos de idade. Ri para mim mesma, secando cuidadosamente o suor do meu lábio, com o dorso de minha mão enluvada, que ficou com uma mancha pequena de umidade. Por que raios, pensei, estou com tanto calor? Eu participava de competições há anos e aquilo jamais havia me acontecido.

Fomos rapidamente conduzidas através das úmidas paredes de cimento do corredor escuro para as luzes brancas fosforescentes. Ouvi os gritos de aclamação de uma multidão de espectadores no amplo espaço aberto da pista de corrida, que estava atopetado de bandeiras multicoloridas. Ao cavalgar para a pista, meu coração começou a bater irregularmente. Percebi que minha égua parecia intrigada. Eu não estava cavalgando com minha confiança usual. Ela sacudia as orelhas de um lado para outro, tentando entender a cavaleira que parecia estar se portando de maneira tão diferente.

"Andem com seus cavalos", berrou o animador em meu ouvido. Seu tom de voz me pareceu incomumente alto sobre a música de órgão. Magic Lady movia-se com postura perfeita enquanto seguíamos o percurso. Eu tinha certeza de que o árbitro estava me observando. Era uma mulher alta e magra de Oklahoma. Percebi que anotara meu número em seu bloco quando passei por ela. Novamente, lágrimas brotaram em meus olhos sem qualquer motivo. Não conseguia imaginar o que havia de errado comigo. Dessa vez eram lágrimas de extrema alegria, como se tivesse vencido as Olimpíadas. Minha mão tremia levemente e, de novo, minha égua agitou as orelhas visivelmente intrigada. Quando o locutor pediu que nos apresentássemos, passamos com facilidade para a marcha. Demos rapidamente a volta na pista coberta e pensei por um instante em um antigo ditado de Benjamin Disraeli que "um bom trote é a cura de todos os males". Comecei a rir comigo mesma enquanto passava cavalgando por Pam na balaustrada. Ela olhou-me chocada, porque eu estava de fato rindo. Podia ouvir Pam sibilando entre os dentes, "Lynn, pelo amor de Deus, concentre-se no que está fazendo".

Quando percebi, já estávamos nos alinhando ao centro da pista, todas nós, as trinta e oito, uma encantadora face núbil após outra, seguidas por mim, sentada sobre minha égua, encharcada de suor. Sequei o lábio inúmeras vezes esperando que o batom não escorresse pelo pescoço e por dentro da camisa. Ao sair da pista com minha faixa de terceiro lugar, Magic Lady, minha jovem égua, pisou nervosamente para o lado quando alcancei o portão de saída. Pam veio ao meu encontro, pegou as rédeas e levou-me para o lado. Nessa altura, eu estava novamente em lágrimas. Pam estendeu-me um lenço de papel.

"Assoe o nariz, pelo amor de Deus, Lynn. Não tive a intenção de magoá-la. Sinto muito, realmente. Só estava nervosa."

Agora eu já chorava de verdade. "Sinto muito, Pam. Não sei qual é o problema comigo. Acho que precisava ter dormido mais!"

Minhas lágrimas eram provocadas pela vergonha. Essas reações não me eram familiares. Espreitando no fundo de minha mente estava a idéia de que talvez eu estivesse sofrendo de alguma espécie de colapso nervoso.

"Acho que tenho estado sob muita tensão", observei, quando desci do cavalo. Magic Lady olhava para mim como se dissesse: Qual é o problema, mamãe? Ela cutucou meu braço com o nariz, querendo cenouras. Acompanhei-a, e a Pam, de volta ao estábulo, cobrindo os olhos enquanto lágrimas rolavam pelo rosto. Vários braços estenderam-se quando eu passava pelos outros treinadores. Davam-me tapinhas nas costas, pensando que minhas lágrimas eram porque eu tinha obtido o terceiro lugar. "Terá mais sorte da próxima vez, Lynn. Não se pode vencer sempre", alguém gritou. Eu ria entre as lágrimas, desejando apenas sair dali e esconder-me. Ao tirar as roupas no vestiário percebi, surpresa, que elas estavam totalmente ensopadas. Fazia frio lá fora. Balancei a cabeça e, por fim, diante do espelho, olhei para mim mesma com espanto. Sequei meu corpo como se tivesse tomado uma ducha. "Talvez devesse ligar para meu médico. Faz muito tempo que não faço um check-up." Anotei mentalmente para marcar uma consulta para os próximos dias.

O rosto que olhava para mim no espelho era de alguém que eu não reconhecia. Meus olhos estavam vermelhos. Minha expressão facial mudada. Não que eu tivesse envelhecido tanto nos últimos anos, mas a forma de meu rosto tinha mudado. Eu não parecia mais a mesma pessoa. Sentei-me numa banqueta e continuei olhando fixamente para o meu reflexo e percebi que tampouco me sentia exatamente a mesma. Meu corpo, em alguns sentidos, estava mais consciente dos ritmos da natureza a meu redor do que jamais tinha estado. Sentia as coisas mais profundamente do que nunca, emocionalmente. Eu estava com uma percepção mais aguçada da raiva, das emoções e tensões das pessoas, bem como de suas alegrias. Quando sentia aqueles ritmos afetando meu próprio corpo, brotavam lágrimas em meus olhos. Sentia-me emocionalmente envolvida com o mundo, como se estivesse cavalgando a lua através de suas fases, de uma ponta de minha vida a outra. Minhas percepções pareciam diferentes. As cores pareciam mais intensas. Tudo acentuava-se. Ri para mim mesma. "Muito bem, isso chama-se sensibilidade exagerada, Lynn."

Na manhã seguinte acordei em minha casa em Los Angeles. Estava ótima e o dia anterior na equitação parecia ter sido apenas um sonho ruim. Eu estava animada. Senti-me serena escovando os cabelos, enquanto o sol penetrava em meu quarto através das janelas. Meditei por algum tempo e, em seguida, dancei a dança xamânica do poder, em meu quintal. Os movimentos se parecem aos do Tai-Chi. Ao erguer os braços sob o limoeiro e sentir os ritmos e cadências da natureza introduzindo-se em meus dedos, me senti centrada e forte novamente. Eu parecia estar ouvindo a voz de minha mestra Agnes Alce que Uiva: "Ande com equilíbrio, minha filha, com um pé no mundo do espírito é outro no mundo das formas físicas. Viva sempre a partir de seu centro". Eu percebi que veria Agnes muito em breve.

Uma hora mais tarde, quando cheguei em casa, peguei o telefone e liguei para minha mãe. Sua voz doce e animada respondeu: "Alô".

"Oi, mãe", disse, tão grata como sempre ao ouvir sua voz.

"Como foi a competição, querida?"

"Consegui apenas o terceiro lugar", respondi. "Foi um dia muito estranho. Não sei o que aconteceu comigo. Parece que fiquei perdida. Acho que estava nervosa."

"O que aconteceu?"

"Bem, parece que ando inchada e engordando, ultimamente. Não sei por quê. Minhas calças estavam muito apertadas e Pam e eu estávamos fora de sintonia."

"Você me parece terrivelmente magra", disse ela.

"Bem, parece que estou retendo líquidos e não sei o que está acontecendo comigo ultimamente, mãe. Ando muito emotiva, suponho, ou nervosa."

"Oh, querida, você está sob muita pressão. Está trabalhando demais. Talvez você esteja precisando de umas férias."

"Boa idéia, mãe, talvez possamos ir para algum lugar."

"Oh, benzinho", ela disse, com um sorriso na voz.

"Mãe, o que você vai fazer hoje?"

"Vou até o advogado", ela respondeu, "para concluir meu testamento." Vanessa, minha filha, ia levá-la de carro.

"Tudo bem, só tome cuidado, sim? Não sei o que faria se acontecesse algo com você."

"Oh, não se preocupe, querida, estou muito bem."

Havia uma hesitação na voz de minha mãe que contrariava seu ânimo.

"Mãe, o que a preocupa?"

"Oh, nada", ela disse.

"Não é verdade, mamãe, qual é o problema?"

"Oh, estou só preocupada com dinheiro, mas não quero que você se preocupe com isso. Você tem seus próprios problemas de dinheiro."

"É claro que fico preocupada, mãe. Veja quanto você precisa e eu a ajudarei a pagar suas contas. Apenas me informe."

"Tudo bem", ela disse, e suspirou aliviada. Ela jamais pedia nada a ninguém. Era a sua maneira de ser. Agüentava firme e prosseguia em sua rotina diária com um sorriso e uma expressão alegre, vivendo sua vida como se ninguém no mundo se preocupasse com ela. Mas eu me preocupava. Ela havia perdido o marido, Jim, meu maravilhoso padrasto, um ano antes e eu sabia que ela sentia-se sozinha. É por isso que minha filha de vinte e um anos estava moran-

29

do com ela. Mesmo assim minha mãe já estava com oitenta e dois anos de idade e muita coisa podia acontecer.

"E você, querida, o que você vai fazer hoje?", ela por fim perguntou.

"Bem, tenho que trabalhar o dia todo, mas vou almoçar com um amigo e depois volto para casa para escrever. Portanto, quando você voltar do advogado, informe-me como foi."

Nos despedimos alegremente e com a sensação costumeira de bem-estar e afeto. Foi a última vez que falei com minha mãe em vida.

2

A MORTE E O RENASCIMENTO DO FOGO

Eu estava sentada ao lado de minha mãe, no fim de semana de meu aniversário, contando suas respirações e examinando atentamente as linhas vívidas no gráfico dos aparelhos de tratamento intensivo. Meu próprio corpo ardia de calor e frio, com ondas de calor quase ao ritmo dos movimentos respiratórios dela. Meu coração pulsava ao ritmo do dela, reproduzindo a ocorrência do mistério de há tantos anos, quando ela me introduzira no mundo físico. Eu chorei, então, como choro agora, espantada com a força da natureza e o terror da separação. Esses não eram mais os movimentos sinuosos de um espírito coroando o curso de uma existência sem esforço. Minha mente volteava e revirava como uma baleia no fundo do mar. As lições a serem aprendidas vinham à superfície como tinha ocorrido em meu nascimento. Sinto que, quando alguém morre, uma parte de nós vai com a pessoa. Quando uma criança nasce, uma parte de cada um de nós ganha nova vida.

Eu sentia a pele macia da mão de minha mãe sob meus dedos. Ela parecia tão pequenina e inocente, assim como ela deve ter sentido quando eu nasci. Lembrei-me que ela me contou que nevava naquele dia de março em Seattle. Olhei para fora pela janela do hospital em Los Angeles. Fiquei estupefata ao ver uma aglomeração de nuvens negras tempestuosas pairando sobre Westwood quando começou a nevar. A respiração de minha mãe tornou-se pouco profunda e as linhas no gráfico em néon começaram a ficar retas. Eu sabia que ela estava prestes a soltar-se. Lá fora, o céu estava estranhamente vermelho e violeta e, em seguida, amarelo resplandecente. Um súbito raio de luz dourado inundou o quarto e minha mãe,

33

que estava em coma, abriu seus olhos cinza-azulados pela última vez. Ela olhou em direção à luz e fechou-os novamente para explorar sua visão interior da qual eu jamais tomei conhecimento. Um leve sorriso iluminou sua face pálida. Tinha parado de nevar e o céu tinha sido embelezado por um imenso arco-íris duplo sobre a cidade. Era tudo, mas o suficiente para mim. Ela havia encontrado a paz.

Depois dessa experiência e das semanas de luto, passei muitas horas no deserto com Agnes Alce que Uiva.

"Este deserto é como a morte", disse Agnes, passando a palma de sua mão escura por sobre a areia vermelha.

"Como assim, Agnes?"

"É imenso com sua própria espécie de beleza e tranqüilidade imperturbáveis."

"Quero acreditar que minha mãe encontrou um lugar de tal beleza", eu disse, incapaz de deter as lágrimas.

"O deserto é pleno de distância. A distância é um deus, exatamente como sua mãe é um deus."

Agnes traçou uma pequena pirâmide na areia com seus dedos.

"Não entendo", eu disse.

"Sua mãe não é plena de beleza? Ela prossegue por toda a eternidade, como a distância — não há fim. Não há limites para esse silêncio e essa distância que vemos aqui no deserto. Talvez ele continue para sempre, imperturbado, eterno." Agnes piscou para mim, os olhos reluzindo como espelhos polidos sob suas pálpebras enrugadas.

"Tenho um desejo imenso de vê-la novamente", disse.

"Deixe que os ventos do poder impregnem seu ser, minha filha. Permita que a força do vento de tudo o que já se foi sopre através de você e alivie a dor em seu coração. Sua mãe não mora mais nesta terra. Mas o renascimento e a transformação ocorreram e ela continua vivendo na essência cósmica do Grande Espírito." Um vento suave do sul surgiu, movendo a areia e formando uma espiral diante de nós.

"Veja", disse Agnes. "É um sinal. A dança sagrada da vida e do tempo foi trazida pelo vento. A essência da alegria de sua mãe dança diante de você. Ela se desfez do corpo como se fossem roupas. Aproveite este momento e encontre a verdadeira comunicação no silêncio. Perceba o canto dos pássaros e as palavras de sua mãe. Não force o silêncio, mas deixe-o emanar da quietude de seu coração perfeito."

Ficamos sentadas em silêncio por um longo tempo. Meus olhos estavam fechados, mas eu podia perceber a pequena espiral girando em nosso redor. Às vezes, o vento zunia através das árvores.

Por fim, uma grande alegria brotou dentro de mim e eu não senti mais nenhuma separação entre eu, Agnes ou a terra. O vento tinha me levado para dentro de seu som melodioso. Enquanto ele revolvia à minha volta cada vez mais barulhento, eu permanecia imóvel, como uma pedra, em meio a uma tempestade de areia.

Então, ouvi a voz macia de minha mãe.

Minha filha, a passagem para a morte é uma estranha passagem. A vontade do Grande Espírito é o único poder que permite a travessia. Assim como um dia lhe dei à luz, você esteve dentro de mim, agora você me dá à luz, pois estou para sempre dentro de você.

3

O FIM DA NEGAÇÃO

Na tarde seguinte, Agnes Alce que Uiva e eu estávamos sentadas em um platô no alto de um morro escarpado, em um deserto ao sul da Califórnia. A pele de Agnes, intensamente queimada pelo sol, era viva e de um moreno aveludado, contrastando com seu colar prateado e azul-celeste. Ela usava saia e blusa guatemaltecas, de cores vivas, que ganhara de presente de Zoila, uma das mulheres da Irmandade. Seus cabelos grisalhos, brilhantes, estavam puxados para trás e presos em um birote na nuca. Eu vestia jeans e uma camisa branca de algodão. Juntas olhávamos a extensão do deserto ermo que descia até a fronteira com o México e prosseguia até Baja, Califórnia.

"Agnes, eu não entendo o que está acontecendo comigo. É como se minhas emoções tivessem se tornado uma entidade à parte."

Agnes sorria enquanto ouvia, com o sol dourado cintilando em seus olhos.

"Minhas emoções têm vida própria; elas estão me dominando. São quase adversárias", eu disse, remexendo o chão com uma varinha.

Senti meu corpo afoguear-se com uma onda de calor. Era uma tarde fresca, mas com uma temperatura incomumente amena para o início da primavera, no deserto. Agnes colocou o dorso de sua mão em minha fronte e deu uma risadinha consigo mesma, pousou as mãos habilmente sobre o colo e ficou só me olhando, como uma coruja observa sua presa, entrando e saindo apressadamente de sua toca. Eu estava ficando incomodada com o seu olhar fixo. Finalmente, olhei diretamente nos olhos dela.

"E então, o que é?", perguntei, secando o rosto, os lábios, a testa e depois o pescoço, com um lenço. Eu sentia um calor fora do comum. Era como se estivesse sentada em uma praia em pleno verão. Após vários minutos, finalmente, rindo para si mesma, Agnes disse muito baixinho: "Minha filha, quando você vai admitir isso?". "O que você quer dizer com 'isso'?", perguntei, sentindo-me totalmente incapaz de olhá-la nos olhos.

"Quando você vai encarar o que está lhe acontecendo?"

"Não sei do que você está falando."

Agnes lançou a cabeça para trás e deu uma risada estrondosa, juntando as mãos. Ela pegou seu chocalho de mestra em uma de suas "trouxas" de magia e começou a agitá-lo em volta da minha cabeça, formando uma auréola de som. O chocalho de mestra sempre teve um efeito hipnótico sobre mim. Fechei os olhos e respirei profundamente, enquanto lágrimas escorriam por meu rosto. Esse chocalho sempre me fazia lembrar de minha própria mãe. Eu sentava-me no centro de um círculo de som sagrado e os cristais no interior do chocalho feito de cabaça soando como a água de uma cachoeira. O som acariciava minha sensibilidade e eu me via liberando emoções que tinha contido por semanas. A dor que eu estava sentindo pela morte de minha mãe era devastadora e me abalava profundamente.

"Não estou conseguindo pensar com clareza", disse a Agnes. Quando finalmente abri os olhos, ela colocou o chocalho no meu colo.

"Quando alguém que a gente ama morre, deixa um imenso e profundo vazio no coração da gente", disse Agnes.

"É tão estranho", respondi. "Sei que minha mãe encontra-se em um lugar maravilhoso. Sei que ela está com o Grande Espírito e com seu marido e que libertou-se das pressões que sentiu durante sua vida. Mas fui deixada para trás, minha vida mudou tanto e sinto sua ausência, a todo instante."

"Lynn, chegou a hora", disse ela de maneira muito áspera, passando de uma expressão familiar, bondosa e repleta de alegria e compreensão para a de uma mulher poderosa que estava sentada a meu lado como se fosse um raio, irradiando energia de seu corpo e imbuindo-me de força.

Olhei para ela e, subitamente, compreendi que há meses persistia numa negação. "É verdade, não é?", disse. "Na realidade, estou na menopausa, não estou?"

"Sim, minha filha, é hora de você ingressar nesse novo recinto sagrado. A hora chegou. Temos que realizar logo o ritual."

"Mas minha mãe nunca me falou sobre a menopausa", respondi, defensivamente.

"Mas sua mãe fez uma histerectomia quando tinha trinta e tantos anos, não fez?", Agnes argumentou.

40

"É verdade, mas ela jamais teve ondas de calor; nunca teve nada. Ela simplesmente atravessou-a sem qualquer problema. Jamais tomou estrogênio, progesterona ou qualquer outra coisa", eu disse, sentindo-me como uma criança e desejando que ainda fosse. Minhas imagens da menopausa eram de mulheres enlouquecidas. Os ensinamentos que recebera sobre a passagem sagrada da menopausa não contavam e minha mente parecia ter regredido aos antigos condicionamentos. Durante anos eu ouvia de várias amigas mais velhas do que eu, que as mulheres são freqüentemente hospitalizadas quando estão na menopausa por causa de desequilíbrios hormonais. Eu não queria, de maneira alguma, pensar naquilo. Já estava me sentindo louca o bastante com a dor da perda que me afligia.

"Lynn, você é uma verdadeira mulher de poder. Não posso acreditar que você esteja agindo dessa maneira. Essa passagem é uma grande honra para qualquer mulher e você sabe disso." Agnes estendeu a mão e colocou-a em meu ombro. Dessa vez seu sorriso era amável e compreensivo. "Você está passando por um enorme sofrimento. Você perdeu muitas pessoas de sua família. Não é um período fácil, que você possa lidar com seu próprio corpo físico, pois, o que é o corpo físico senão um espelho do espírito. Você está em um planalto; já está nele há algum tempo. A menopausa é um rito de passagem. É hora de finalmente ingressar verdadeiramente na vida sagrada."

"Soa como se estivesse sendo enviada para um convento", eu disse.

Agnes riu e simplesmente ficou me observando daquela extraordinária posição de poder em seu interior. De repente, senti-me tomada de gratidão por ter uma mestra como ela. "Agnes, graças a Deus você está comigo. Não sei o que faria se você não estivesse em minha vida. Talvez todo esse sofrimento tenha me deixado meio louca. Não sei por que tenho vivido em tal negação. Sei que esse é um período extremamente importante, mas não me sinto preparada. Por favor, ajude-me. Fale-me sobre o antigo costume, Agnes. Conte-me como a menopausa era, então, diferente para as mulheres."

Agnes respirou profundamente, reclinou o corpo e fechou os olhos com um sorriso melancólico. Por alguns instantes, fiquei simplesmente observando a mudança de luz que se filtrava através das nuvens, movendo-se por nossos corpos e o altiplano como folhas soltas ao vento.

"Era tão diferente então", ela começou. "O equilíbrio de nossa grande mãe", Agnes tocou a terra vermelha com as palmas de suas mãos, "era muito, muito diferente. Nos tempos aos quais me refiro, havia uma matriarca na terra. Isso não quer dizer que era um

41

tempo melhor ou pior; simplesmente era diferente. A matriarca também tinha problemas. Mas naquele tempo os homens seguiam a linhagem da mulher. Eles adotavam o nome da mulher no casamento. O dinheiro, ou o que era considerado dinheiro, seguia a linhagem da mulher. Potes de barro e cestos constituíam uma grande fonte de riqueza. Eles representavam o vazio sagrado que as mulheres trazem consigo. Como lhe contei, há muito tempo, naquela época a mulher nascia prenhe e o homem era fecundado pela mulher. Era assim que as pessoas viam a vida; esse era o ponto de vista. Tudo era celebrado por um rito de passagem, fosse menino ou menina, e quando ocorria o processo de crescimento, havia um ritual quando se atingia a puberdade, um ritual para a gravidez, o nascimento e conquistas na vida espiritual. Havia muito menos pessoas na Terra e a terra era abundante. As pessoas não destruíam para viver. O que quer que fosse tirado era um doar de volta sagrado ao espírito que nos concedia a vida.

"Quando uma mulher atravessava a menopausa, esta era considerada a passagem mais sagrada. Nos tempos passados, quando as mulheres não eram mais férteis, eram desprezadas pelas sociedades em que viviam, porque não podiam mais gerar filhos. Elas não tinham mais utilidade. Em tempos bem mais remotos, as pessoas não morriam com quarenta e cinco ou cinqüenta anos, que era a expectativa de vida das mulheres na última virada de século. Vivia-se até se ficar muito velho. A serenidade de vida era grande. Não havia o stress da vida do século XX. Sabia-se como usar as ervas e as cascas das árvores. Havia muitas ervas que substituíam o estrogênio, a progesterona e a testosterona no corpo humano e usavam-se todas naquele tempo. Muitas daquelas plantas não existem mais, mas algumas sobreviveram no que resta das florestas tropicais. Tentei preservar algumas e vou mostrá-las a você. Há hoje ervas chinesas que não temos neste continente. Vou falar sobre elas posteriormente, mas antes de tudo, minha filha, quero que você saiba que houve um tempo nesta terra que era muito, muito sagrado para todas as mulheres e que não era um tempo de controle ou manipulação. Era simplesmente um período sagrado.

"Com a menopausa vinha a suprema iniciação que você como mulher experienciaria — era a iniciação em seu mundo espiritual sagrado. As mulheres mais jovens não tinham permissão para participar de tais cerimônias e tampouco podiam entrar nas cavernas sagradas que detinham o conhecimento. As cavernas eram chamadas por diferentes nomes nas diferentes partes do mundo, mas vou falar do que sei. Na entrada de tais cavernas — algumas são do Tempo dos Sonhos e outras situam-se no plano da realidade física — havia guardiãs sagradas, protetoras das cavernas. A guardiã que você vai encontrar, com a qual você se familiarizará, é A Mulher no Limiar de Dois Mundos. Ela é a deusa que inicia todas as mulheres em sua sacralidade. Ela a conduz pelos labirintos do mistério e da transformação quando você se torna Mulher em Transformação e a ajuda a descobrir os planos mais elevados da consciência. Essas iniciações foram esquecidas, porque o patriarca tornou-se muito forte em nossa existência.

"Você está prestes a ingressar na parte mais importante de sua vida. Perder-se no terror da deficiência óssea, doenças cardíacas, câncer e envelhecimento é perder a oportunidade de aprender o que esse período pode lhe ensinar. Entendo o seu medo, porque ele é real. Você precisa confortar seu corpo; você precisa ajudá-lo a entender o que está acontecendo. Quando você está acostumada, há anos, com certo alimento e se abstém dele, como o estrogênio, você precisa repor com algo igualmente potente. Mas seu estado de espírito é a coisa mais importante. É importante que você não jogue fora sua vida e não diga a si mesma que não tem mais razão para viver. Isso seria uma tragédia.

"Eu sei que você esteve vivendo na negação disso. Sei que você vem sentindo medo do que lhe está ocorrendo. Era mais fácil para você achar que estava tendo um colapso nervoso do que uma redução dos níveis de estrogênio. Eu entendo. Mas apesar de você ter sofrido muito, e ainda estar sofrendo, é chegada a hora de começar a sua iniciação. Quando tiver vivenciado o ritual que a Irmandade lhe preparou, você poderá levar as lições que aprendeu para o seu povo, que precisa desesperadamente andar em equilíbrio, com um pé no físico e outro no espírito. Eles perderam a percepção espiritual, perderam a visão do sagrado e muitas pessoas de seu mundo perderam o espírito. Mas você ajudará suas irmãs a voltarem-se para a fonte de sua própria verdade."

Coloquei os braços em volta de minha mestra. Ela ficou abraçada a mim por um longo tempo. O sol se punha no horizonte, tingindo o céu de cor de laranja, vermelho e rosa e as nuvens acima tinham bordas douradas, enquanto o deserto preparava-se para a noite, as areias ficavam púrpura e as iúcas erguiam-se como sentinelas silenciosas, guardiãs do solo ermo.

4

DESENCANTO

Antes de Agnes e eu nos despedirmos, ela disse-me que, se eu quisesse prestar toda a ajuda que podia às minhas irmãs na menopausa, eu teria de experimentar, por mim mesma, o tratamento que as mulheres normalmente recebem do serviço médico moderno. Portanto, obediente até o fim, marquei a consulta que toda mulher teme, independentemente de sua idade e condição, e alguns dias depois encaminhei-me para o consultório de meu ginecologista. Enquanto dirigia pela autopista, deixei minha mente vagar e pouco depois comecei a ouvir um diálogo imaginário.

"Grandes novidades, Lynn", dizia o médico imaginário. "A FDA* acabou de aprovar uma droga totalmente natural contra o envelhecimento, que reverte os efeitos da menopausa!"

"Fantástico! Em quanto tempo podemos iniciar o tratamento?"

"Imediatamente", disse ele, "mas deixe-me concluir. Eis o melhor de tudo. Essa droga é também anticarcinogênica, o que significa que você nunca mais, enquanto viver, terá de fazer exames da pélvis ou papanicolaus!"

Passados alguns instantes, eu fui lançada abruptamente de volta à realidade, quando quase bati com os dentes no volante. Em meus devaneios eu tinha conseguido esquecer da lombada na entrada do estacionamento. Encontrei uma vaga e encaminhei-me para o consultório de meu médico.

Entrei no consultório e pisquei os olhos, tentando acostumá-los à sala fracamente iluminada. Uma porta corrediça de vidro opaco,

---

(*) *Food and Drug Administration*: órgão do governo norte-americano que controla alimentos e remédios. (N. T.)

liso, abriu-se e uma mulher de olhos arregalados e blusa clara de poliéster disse: "Pois não?".

"Lynn Andrews", eu disse, imitando sua maneira enigmática. "Um minutinho." E a porta de vidro fechou-se com um baque. Eu me sentia nervosa e apreensiva enquanto aguardava sentada no sofá duro de couro, mas tinha "sintomas" que precisava discutir. Eu não queria ouvir nada sobre a minha menopausa e suas conseqüências físicas. Tudo o que eu queria era encontrar A Mulher no Limiar de Dois Mundos para entender em termos espirituais o que estava acontecendo comigo. Olhei em volta do escuro vestíbulo, repleto de esculturas de néon e aquários borbulhando, com peixes sul-americanos, assassinos, de flancos azuis, amarelos e verdes e olhos protuberantes. Eles nadavam de um lado para outro procurando comida, com a boca aberta e expressão de incredulidade, não muito diferente de como eu me sentia.

Uma porta corrediça de madeira extremamente polida com verniz amarelo-pálido abriu-se com um rangido e o doutor Thoms espiou na semi-obscuridade, procurando ver-me. "Andrews, você é a próxima", disse meu médico de longa data, chamando-me para entrar no consultório. "E onde você andou? Senti sua falta."

"Andei com a cabeça muito ocupada", murmurei delicadamente enquanto ele atirou-me um lençol de papel.

"Você está bem?", ele perguntou.

"Estou", menti, "por quê?"

"Você está parecendo muito diferente, boneca", ele disse. Então, de repente, como se tivesse lembrado de algum compromisso incrivelmente importante, ele mudou do tom amistoso de médico de família para o de brusco e ocupadíssimo especialista. "Já volto", disse secamente, "e por favor, Lynn, apresse-se. Estamos realmente atrasados".

Outra porta corrediça fechou-se e eu fiquei ali parada, segurando o lençol por vários minutos. Então, me despi rapidamente e tentei me cobrir com uma camisola de papel fino, procurando manter um mínimo de dignidade. Arrastei-me desajeitadamente sobre a mesa, revestida de papel, com os estribos de cromo vazios me encarando. Encarei-os de volta e uma seqüência de imagens percorreu minha mente. Por alguma razão, vi minha mestra, Ruby, sendo estuprada por agrimensores brancos e, em seguida, cegada pelas agulhas de suas bússolas para que não pudesse identificá-los. Pensei em minha mãe fazendo uma histerectomia demasiadamente precoce e sem nenhuma razão aparente. Minha antiga colega de quarto e seu horripilante aborto em Tijuana, após o qual ela quase morreu de hemorragia, tudo iluminado na minha cabeça em cores vivas, bem como o maravilhoso nascimento de minha filha. Eu não estava em boa forma para o que aconteceu a seguir.

O doutor Thoms irrompeu no consultório, pegou suas luvas de borracha e fechou a porta corrediça depois que sua assistente de avental de poliéster passou. Eu não a conhecia, mas ela me pareceu uma pessoa fria e abrupta. O doutor Thoms colocou meus pés nus nos estribos gelados e abriu bem minhas pernas. A enfermeira arranjou o lençol de maneira que cobrisse meus joelhos, pegou sua prancheta e ficou parada com a caneta em punho.

"E então, o que está acontecendo, Andrews?"

"Venho sangrando quase ininterruptamente há seis meses, desde que você me deu aquela injeção de progesterona como contraceptivo."

"Não é a injeção", ele disse, sem me dar qualquer outra explicação.

"Ai!", exclamei, quando ele cutucou dentro de mim. "É preciso fazer isso?"

"Dê-me outro chumaço de algodão", disse ele, ignorando minha pergunta, falando com a senhorita Velcro por cima de mim, que estava ajustando seu avental com aquele arranhado característico da fita quando prende.

"Sabe, Lynn, sua vagina está se atrofiando", ele disse de maneira trivial. "Você sente algum incômodo quando mantém relações?", perguntou, enquanto introduzia um espéculo de metal gelado e reluzente em mim e o torcia para abri-lo.

"Minha vagina — está o quê?", perguntei ofegante, horrorizada com a visão de algo encolhendo, em minha mente.

"Oh, sua vagina não parece nada diferente. Só a pele está perdendo sua densidade."

"E o que isso significa?"

"Por Deus, Andrews, você tem que fazer todas essas perguntas justamente num dia tão atribulado?"

"Até agora, doutor, só fiz duas perguntas. Este corpo é muito importante para mim", disse, erguendo-me sobre os cotovelos.

O rosto radiante do dr. Thoms apareceu subitamente acima do lençol para que pudesse me ver enquanto me dava um tapinha no joelho. "Andrews, você está tão tensa, relaxe."

"Estou tensa. Venho sangrando quase ininterruptamente há seis meses."

"Não, o sangramento não é bom", ele disse, retirando o espéculo. "Vou lhe receitar uns comprimidos de ferro e não vamos mais usar aquele tipo de contraceptivo. Talvez devêssemos fazer uma curetagem para ficarmos seguros de que você não está com câncer."

"Comprimidos de ferro e uma curetagem, ou câncer? É tudo o que você tem a sugerir?" Sentei-me na mesa realmente preocupada. "Escute, Andrews, estou realmente muito ocupado hoje. Podemos fazer um exame de sangue se você marcar outra hora." "Estou viajando hoje para o Canadá", eu disse. "Marque com a enfermeira." O doutor Thoms dirigiu-se para a porta. Alcancei-o e agarrei-o pelo braço. "Doutor Thoms, eu sou sua paciente há vinte anos. Isso não merece mais um instante?" "O que está acontecendo com as mulheres de hoje? Eu sou o médico, você sabe." Nesse exato momento, uma voz descorporificada irrompeu pela sala através do interfone. "Sua parceira de tênis diz que vai encontrá-lo no clube em vinte minutos." O doutor Thoms apertou o botão e disse: "Muito obrigado". Ele virou-se, parecendo um menininho, com um risinho embaraçado. "Doutor Thoms, sente-se por um momento. Tenho algo a lhe dizer."

Ele sentou-se na beirada da cadeira na qual estavam minhas roupas íntimas.

"Quero lhe contar o que está acontecendo comigo. Eu teria lhe falado antes se o senhor tivesse perguntado. Mas como não perguntou, direi agora. Estou pelo menos na pré-menopausa e meus hormônios estão fora de equilíbrio. Eu preciso fazer um exame de sangue hoje e quero resolver tudo agora. Quando eu marquei esta hora, solicitei um exame completo, inclusive dos seios. O senhor é um bom médico, doutor Thoms, quando está ligado, mas o senhor não está ligado e isso me deixa furiosa."

O doutor Thoms ficou me olhando fixamente por um tempo. "Sinto muito, Andrews. Fui um imbecil." Ele foi até o interfone. "Bárbara, cancele meu compromisso no clube e peça a Nancy que, por favor, venha colher uma amostra de sangue. Obrigado. Agora, Andrews, deite-se."

Deitei-me na mesa, coloquei os pés nos estribos e dei um suspiro de alívio. Pelo menos eu tinha meu velho médico de volta. Ele examinou meus seios, reintroduziu delicadamente o espéculo e fez um exame minucioso.

"Não vamos saber com certeza antes de termos o resultado do exame de sangue, mas é certo que você está na menopausa. Certo", ele disse, pegando a seringa hipodérmica de Nancy e apertando o torniquete em volta de meu braço. Ele puncionou minha veia várias vezes. Eu odiava aquilo. Eu virei o rosto e desvirei-o quando ele cravou a agulha em minha pele e o sangue jorrou por todos os lados.

"Que agonia!'', eu disse, quando ele retirou a agulha e cravou-a em mim outra vez com um murmúrio de desculpa. Quando concluiu, deixando um grande vergão preto e azul, ovalados, em meu braço, sentou-se, enquanto Nancy saía da sala.

"Se você tomar estrogênio, sugiro que seja em forma de adesivo e de dosagem mínima. Você tem ondas de calor?''

"Sim, obrigada por perguntar. E são muito intensas.''

"Você deve saber que o estrogênio a coloca em risco de câncer de mamas e uterino.''

"Quanto de risco?'', perguntei.

"Ninguém sabe. Mas todas as mulheres passam por isso, portanto, não se preocupe.''

"Todas as mulheres não devem me preocupar?''

"Você pode usar estrogênio com Provera, pílulas de progesterona, por cinco a dez dias uma vez por mês e, provavelmente, não terá câncer uterino. De mamas — não sei. Não foram realizadas pesquisas definitivas.''

"Nenhuma pesquisa — o senhor está brincando!''

"Não. Se fosse arriscado, certamente teriam sido realizadas mais pesquisas.''

"Risco de câncer e de vida não são sérios? Se seus testículos fossem expostos a riscos, acho que o senhor não diria isso!''

"Bem — talvez, mas a progesterona vai regularizar seu ciclo, e descamar o endométrio e virtualmente eliminar o problema de câncer uterino.''

"E as mulheres com fibromas?''

"O estrogênio e a provera podem fazê-los aumentar, mas não com certeza.''

"Por que não com certeza?''

"Não sabemos.''

"Muito obrigada. Isso faz com que nós todas nos sintamos muito melhor'', disse, com sarcasmo.

"Bem, pelo menos as ondas de calor podem ser controladas.''

"Outro paliativo sem chegar à causa.''

"Talvez, mas todas as mulheres passam por isso.''

"Portanto, o que mais devo esperar junto com minhas semelhantes?''

"Bem, sem o estrogênio, o revestimento de sua vagina e bexiga podem passar de quarenta camadas de pele para quatro. Isso pode deixá-la mais vulnerável a infecções e dores.''

"Ótimo. E o que mais?''

"Com estrogênio'', ele disse, remexendo-se, incomodado, "sua chance de doenças cardíacas e osteoporose reduz-se em quase 50%.''

Encarei o doutor Thoms por um longo tempo. "Meus ossos podem virar pó, tenho 50% a mais de riscos de doenças cardíacas, sem falar do câncer, perda de cálcio e dores durante as relações, e o senhor ia me deixar sem qualquer informação para ir jogar tênis? Agora, fale-me mais sobre a osteoporose. Sei que muitas mulheres perdem 50% do total de sua densidade óssea nos primeiros anos da menopausa e pré-menopausa. E, diga-se de passagem, tenho distúrbios de sono. O que devo fazer quanto a isso?"

"Tome cálcio e magnésio antes de deitar-se à noite. Mas você não tem osteoporose na família. Você não é magra demais, é muito ativa e não fuma. Mas deveria tomar cálcio de qualquer maneira. Você absorve cálcio enquanto dorme e o estrogênio também vai ajudá-la a dormir melhor."

"Obrigada", eu disse. "Há mais alguma coisa que eu deva saber?"

"Não, por enquanto. Vamos aguardar o resultado do exame." Ele deu um tapinha em meu joelho. "E obrigado, Andrews, por ter sido persistente. Repito que sinto muito. Dou valor à nossa relação."

"Eu o desculpo." Sim, pensei, se eu conseguir usar todas essas informações em uma realidade saudável, talvez possamos continuar tendo algum tipo de relação.

FAZENDO FOGO

PEÇA PODER ENQUANTO SEU CORPO MUDA

A Mulher no Limiar de Dois Mundos *aproximou-se e tocou minha face.*

"Quer você saiba, quer não, sua vida tem sido um caminho através do qual você vem buscando a verdade. Você fez um pedido de poder e está retendo seu sangue agora. Você está agora assumindo seu poder. Você tem sangue sábio agora, é uma mulher de fogo. Acolha o fogo quando ele chegar, pois eu sou o fogo interior."

5

O ESPELHO DA MENOPAUSA

Trabalhei com minhas aprendizes todo o dia seguinte até noite adentro. À meia-noite, caí na cama e, imediatamente, adormeci profundamente. Acordei cedo na manhã seguinte. Um feixe de luz solar, uma luz-de-casa como Agnes sempre dizia, inundou meu quarto. Eu me estiquei e toquei na circunferência da poça de luz sobre o meu acolchoado branco. Agnes adorava a casa ensolarada. Aquela luz era como um bichinho de estimação para ela, e gostava de acariciar as faixas de luz que penetravam pela janela de sua cozinha. Era como se, no processo de convivência íntima com aquela radiação, ela pudesse passar para seu espaço interior sereno e silencioso e, por um momento, o mundo exterior ficasse esquecido.

Eu, por minha vez, saltei da cama, corri para o banheiro inundado pelo sol matinal, que se infiltrava através das folhas do pessegueiro do lado de fora da janela, lavei o rosto e passei uma escova nos cabelos. Olhei dentro dos meus próprios olhos e soltei um profundo suspiro. Eu adorava minha casa em Los Angeles. Morava nela havia quase trinta anos. Como posso ser trinta anos mais velha?, pensei comigo mesma. Extraordinário. Passei os dedos no azulejo em volta da pia e lembrei-me de tê-los escolhido com uma amiga. Parece que foi ontem. Voltei a olhar no espelho e, dessa vez, vi o rosto de minha mãe sobreposto ao meu. Sorri para o reflexo dela, sentindo muito sua falta. Pensar nela ainda me fazia chorar. Com os pensamentos dolorosos, comecei a sentir minha pele queimar. Meu ventre e minhas costas encheram-se de calor. Pensei que fosse desmaiar, tal era a intensidade da onda de calor. Verifiquei se tinha colocado o adesivo do tratamento de reposição hormonal. Lavei o rosto novamente e, vestindo o roupão, fui para a cozinha. Também ali a luz do sol inundava o ambiente. Respirei profundamente, de gratidão, de estar tão feliz por aquele dia ensolarado. Eu tinha sido criada no Noroeste, em Seattle, e seus dias nublados bastaram para o resto de minha vida. Havia algo naquela luz insípida que feria minha visão artística. Na luz rasa não há profundidade. Há apenas o cinzento. Não gosto disso, embora algumas pessoas achem que ela provê uma atmosfera aconchegante e se deixam envolver naquele cinzento como se fosse um cobertor amigo. Não sou desse tipo de pessoa.

Preparei um chá Earl Grey com um pouco de suco de limão na xícara. Os limões de meu limoeiro, este ano, estão suculentos e saudáveis. Meu cachorrinho branco, Sasha, saltou em mim, batendo com as patas dianteiras em mim, querendo desjejum, querendo um biscoito, querendo atenção. Coloquei a xícara sobre o balcão, abaixei-me, peguei-o e acariciei suas orelhas e dorso, dando-lhe um beijo de bom-dia. Peguei minha xícara de chá e fui para o quintal. Sentei-me sob o limoeiro, sentindo a fragrância de suas flores e das madressilvas que cresciam na colina. Havia ainda orvalho sobre as folhas das plantas. Estava frio no quintal. O sol filtrava-se pela primavera roxa que crescia em camadas de galhos e flores por cima da porta de entrada da cozinha. Sasha corria de um lado para outro, latindo para coiotes imaginários na colina, brincando com as borboletas e, finalmente, vindo a mim e deitando-se sobre meus pés nus para tirar uma soneca.

Ouvi o telefone tocando, mas deixei-o tocar, desejando ter mais alguns minutos de paz para poder centrar-me e enfrentar o dia. Havia uma sensação vaga de ansiedade no meu estômago. Respirei profundamente e tomei mais um gole de chá, deixando que o vapor do líquido aquecesse meu rosto. Fechei os olhos e, respirando profundamente, levei minha consciência até o estômago e perguntei-me: "Quem está aí dentro de mim impregnando-me com essa estranha sensação de medo?". Com certeza, encontrei um aspecto de mim mesma — aquela menininha no interior de meu ser que se encolhe nos cantos, e às vezes chora apavorada. Ela tem medo de não receber atenção, de ser abandonada. Era essa parte da minha vida que passara para a adolescência e que estava me causando tanta dificuldade na menopausa. As sensações misturavam-se com a dor e o desespero e causavam o que eu achava que eram mais dificuldades com as mudanças de humor e as ondas de calor. Eu tinha trabalhado com Agnes a questão dessa menina interior abandonada. Quando a descobri e passei a confortá-la ativamente todos os dias, as ondas de calor diminuíram e minha ansiedade desapareceu. Fui tão longe que cheguei a fazer um pequeno travesseiro para ela, recheando-o com as ervas perfumadas de que ela gostava. Eu o apertava junto ao estômago ou nos braços como se fosse uma criança pequena, falava com ela e dava-lhe atenção. Agnes tinha sugerido que eu fizesse isso, como ela própria tinha feito, e isso me ajudou muito. Entrei a fundo nos sentimentos daquela menininha e veio-me uma imagem da infância. Eu me vi num tempo distante, quando tinha mais ou menos sete anos e vivia na pequena casa de fazenda com meu pai no leste do Estado de Washington. Lembrei-me de que levantei cedo numa fria manhã de primavera e que tomávamos o café da manhã. Meu pai era muito afetuoso, interessado e carinhoso quando queria. Saímos e fomos selar meu pônei, Sugar, uma égua malhada que me levava a todas as partes. Papai preparou um lanche, pão com creme de amendoim e geléia. Eu prendi o lanche na parte traseira da sela. Lembro-me de montá-la, sentindo-me maravilhosamente bem, sentindo os jeans na pele, a jaqueta amarrada no pescoço e ombros.

Meus pais tinham se separado há alguns meses e minha mãe havia ido para Seattle procurar trabalho. Em breve ela mandaria me buscar. Enquanto isso, eu ficava com meu pai. O "enquanto isso" acabou sendo alguns anos. Eu sentia uma falta enorme de minha mãe. Devo ter me sentido abandonada naquela época. Apesar de entender o que tinha acontecido, eu sabia que meu pai era o causador da separação. Eu continuava sentindo a falta do amor e da presença de minha mãe. Eu confiava nela. Ela era uma pessoa de temperamento estável. Meu pai, por outro lado, era um homem complicado e tornava a vida difícil para mim. Ele costumava ter ataques explosivos e violentos. Seu sangue norueguês às vezes o tornava depressivo, embora, em outras ocasiões, pudesse ser caloroso e afetuoso. Foi ele que me deu a coragem para seguir meu próprio rumo na vida. Foi ele quem me falou de mulheres poderosas, como Babe Zaharias, a grande atleta feminina. Ele costumava falar dela, mostrava-me suas fotos em preto e branco e levava-me para vê-la jogar golfe. Ele falava de Esther Williams e sua resistência e capacidade de nadar. Sempre me falava de mulheres fortes e prestou-me um grande favor, porque sem esse estímulo não sei se teria tido a coragem para procurar Agnes Alce que Uiva e Ruby Muitos Chefes naqueles dias remotos. Foi preciso muita coragem para deixar a vida que eu conhecia e entrar no desconhecido.

Eu pensava em mim mesma montando minha égua malhada e trotando para a escola. Eu seguia até a encruzilhada da estrada de terra e esperava por Beverly, minha amiga índia. Ela ia por outro caminho, porque morava muito mais longe. Nos encontrávamos e cavalgávamos juntas para a escola, que ficava, talvez, a meia milha de distância. Amarrávamos nossos cavalos no campo, pastando, tirávamos as selas e prosseguíamos juntas até a escola. Fomos amigas por muitos anos. Foi através dela e de sua família que eu pressenti pela primeira vez que meu destino seria trabalhar com minhas mestras indígenas. Cavalgávamos juntas pelas montanhas numa idade muito precoce. Tínhamos uma enorme liberdade. Quando revejo aqueles dias, pergunto-me como sobrevivemos àquilo tudo sem nos ferirmos. Cavalgávamos, às vezes, o dia todo numa mesma direção, sem encontrar uma estrada ou qualquer pessoa. Muitas vezes, víamos cobras, veados, alces e até mesmo ursos, que nos deixavam em pânico. De qualquer maneira, conseguíamos voltar para casa sãs e salvas.

Em uma daquelas manhãs com Beverly, indo para a escola, eu olhei para ela e vi sua aura vermelha. Era muito incomum nela; normalmente eram luzes verdes e douradas à sua volta. Foi a primeira vez que toquei no assunto com ela.

"A cor à sua volta está tão vermelha e alaranjada hoje", eu disse.

"O que há de errado, Beverly?"

Ela voltou seus olhos castanhos escuros para mim. Ela estava furiosa com seu pai, pois ele havia batido nela naquela manhã. Em seguida, perguntou: "O que você quer dizer com cores vermelhas a meu redor?". Ela disse que não tinha a menor idéia do que eu estava falando.

Foi a primeira vez que constatei que as pessoas tampouco viam cores a meu redor. Por alguma razão, eu jamais tinha falado naquilo. Simplesmente supunha que fazia parte da vida e que todos tinham aquela experiência. Lembro-me do choque que levei. De repente, eu não era apenas filha de pais divorciados, o que naquele tempo era incomum, mas era também uma criança solitária. Compreendi então que eu era diferente e aquilo encheu-me de uma espécie de medo. Senti-me inferior e como se tivesse que esconder quem realmente era para ser aceita, sobreviver. Lembro-me de reprimir as lágrimas. Como Beverly estava muito ocupada com seus próprios problemas e vergonha, ela jamais voltou a tocar no assunto. Permanecemos amigas por todos aqueles anos, mas agora algo se interpunha entre nós, entre eu e todas as pessoas ou, pelo menos, foi o que pensei.

Sacudi a cabeça para afastar as lembranças enquanto passava os dedos pelos cabelos. Enquanto estava sentada ali no meu jardim, um lindo gaio azul saltou na mesa para pegar uns farelos dos biscoitos que eu comi na noite anterior. Olhei para aquele pássaro atrevido, imensamente agradecida por sua existência, e ele trouxe-me de volta ao presente. Respirei profundamente e, mentalmente, afaguei a menininha escondida em meu estômago. Apertei-a com os braços ao redor da barriga e a ninei, dizendo-lhe que tudo ia dar certo, que eu ia cuidar dela. Tive que rir quando Sasha olhou para mim com a cabeça virada para o lado. Pensei, claro, provavelmente estou parecendo uma louca, falando sozinha. Então disse em voz alta para o meu cachorrinho: "É engraçado, não é mesmo, Sasha? Eu sempre tive esse desejo de curar e trabalhar com as pessoas, mas por muito tempo tive medo de usar meus dons". Peguei Sasha e apertei-o junto a mim, deixando-o dormir no meu colo. Acariciei-o pensando na ansiedade das pessoas e no quanto de medo existe no mundo e como ele é criado pela não-apropriação de aspectos de nós mesmos, especialmente os aspectos intuitivo e instintivo de nossa natureza. Quando fazemos isso, criamos uma espécie de monstro que passa a viver em nosso interior. Criamos o que comumente é denominado lado escuro, aquela parte de nós que não é expressa ao mundo e que na maioria dos casos permanece desconhecida para nós mesmos. Essa criança em meu interior está assustada porque tem medo de que ninguém vá cuidar dela. Para mim, o propósito do xamanismo hoje é permitir que você assuma, através do ritual, os aspectos de si mesma que ficaram ocultos e foram negados e não assumidos. Que você ajude a si mesma a crescer de maneira diferente. Que reflita esses aspectos de si mesma, os reconheça e os expresse. Permita que eles se expressem com todo o seu terror e angústia para então poder curá-los. É isso que significa ser uma pessoa ferida que cura. Você assume esses aspectos de si mesma, a própria ferida, e cria um novo ambiente para que essa energia interna se desenvolva e cure.

Pensava em como é estranho o fato de que, quando uma pessoa tem dons de cura, ela seja freqüentemente perseguida: queimada na fogueira, crucificada ou marginalizada. Avalia-se que nove milhões de mulheres tenham sido queimadas durante os anos da Inquisição. Que tragédia, pensei, que muitas pessoas achem tão difícil explorar o poder e as capacidades interiores, enquanto exploramos os limites do espaço externo. Somos seres magníficos, capazes de poderes extraordinários. Enfrentamos o mundo com esse poder, através da tecnologia e dos computadores. Mas usar a tecnologia da maneira que temos usado, sem o sentido de sua sacralidade, é dar à criança, ao bebê, uma espada afiada: se não houver um equilíbrio com a capacidade tecnológica, um equilíbrio com a meditação, a oração, uma percepção do sagrado no caminho de nossas vidas, a criança vai ferir a si mesma ou a outrem, exatamente como nós enquanto seres humanos, equipados com tal poder, nos ferimos a nós mesmos e aos outros. Ferimos nossos netos e todos os que virão depois de nós.

Percebi que meus problemas na menopausa tinham a ver com aqueles primeiros anos em que vivi com meu pai, que havia se esforçado muito para ser mãe e pai, enquanto ele mesmo lutava com seus próprios conflitos e dificuldades. Infelizmente, ele descarregara grande parte de suas frustrações em mim. Não era a sua intenção; ele estava fazendo o melhor que podia, mas deixava muitas cicatrizes em meu interior. Vários aspectos de mim mesma, apesar de todo o trabalho que realizei, ainda não estão esgotados. Portanto, na menopausa, vejo um espelho, como disse às mulheres com quem trabalho, um espelho que é inconfundível e inevitável, no qual você não pode deixar de se ver. Agora tenho que me apropriar do que me tornei e, nesse período de iniciação, percebo o que é ser uma mulher em transformação. Estou agora no portal com a grande deusa, A Mulher no Limiar de Dois Mundos, e ela, de fato, é uma mestra exigente, pois não há nada que eu possa fazer para mudar a minha condição. Terei que aprender e crescer à sua imagem. É como escrever um livro. Se o livro é de sabedoria, você cresce com o livro — você se torna a pessoa que a sua realização cria e exige.

De repente, Sasha pulou do meu colo ao ver um pequeno lagarto no fundo do quintal. O lagarto escalou rapidamente a treliça e, sentado no sol, ficou fazendo pequenas flexões de braço, enquanto Sasha latia e tentava encorajá-lo a descer para brincar. Tomei outro longo gole de chá, farejando o vento oeste que vinha da montanha, trazendo a fragrância de madressilva e pinheiro. Estava tão tranqüilo aqui em casa. Moro num vale onde existem apenas algumas casas, num beco sem saída. Foi o lugar mais calmo que consegui encontrar em toda Los Angeles, onde não se ouve o ruído das estradas. Minha casa está abrigada em um emaranhado de carvalhos e limoeiros; o sumagre — arbusto de origem asiática — e a vegetação rasteira cobrem as colinas e formam um tapete verde ao redor da casa. É como se eu vivesse no meio de uma selva silenciosa.

Quando olhei para o alto da colina, vi uma corça com seu filhote mordiscando minha *ice plant*.* Fiquei grata por ter algo que pudesse desfrutar. Felizmente Sasha não os viu; ele estava ocupado tentando encontrar um jeito de subir até onde se encontrava o largarto.

Finalmente, eu me sentia melhor. Agora estava plenamente consciente. Pousei a xícara de chá e dancei a dança xamânica do poder à luz do sol, ouvindo mentalmente a batida do tambor sagrado de Agnes Alce que Uiva. Dancei por meia hora, tocando e sentindo os vetores invisíveis de energia com as pontas dos dedos, alisando as

---

* *Mesembryanthemum crystalinum*, planta natural do sul da Califórnia, cujas folhas são recobertas de partículas brilhantes, parecendo cristal. (N. T.)

bordas ásperas de energia. Não sei como se entende ou percebe a presença de tais coisas. A percepção das correntes energéticas é simplesmente algo que lhe ocorre, como parte do que as minhas mestras chamam de a instalação do corpo-mente. Você começa a entender, a sentir e a perceber os fluxos energéticos que se movem ao redor da Terra e voltam para o universo. Nossos corpos são receptores dessa energia. Eu a experienciei quando criança. Eu sempre podia senti-la e lembro-me de senti-la como um bebê bem pequenininho. Pergunto-me o que faz com que uma pessoa tenha a capacidade de percepção, enquanto outras precisam aprender a se abrir para ela. Talvez sejam as muitas vidas que vivemos. Quem sabe? Talvez o "como" não importe. O importante é que outras mulheres e outros homens lá fora, eu sei, tiveram experiências similares e sentiram medo de falar sobre elas.

Depois de ter escrito o meu primeiro livro, fiquei encantada ao saber de pessoas que tinham tido as mesmas experiências que eu e que sempre tinham tido medo de falar sobre elas. Elas pensavam que seriam consideradas esquisitas. Mas com a crise que estamos enfrentando em nosso meio social e físico, as pessoas talvez estejam finalmente tomando consciência de que temos que mudar nosso modo de viver, que precisamos olhar para a natureza de maneira diferente, não como algo para usar, mas como um organismo vivo a nutrir. Os animais não são bestas, mas seres magníficos com seus próprios direitos. Tudo ganha vida à imagem do Grande Espírito. Não somos separados. Na verdade, somos um único todo.

Concluí minha dança, peguei minha xícara de chá e entrei na casa com Sasha atrás de mim. Sabia que tinha meia hora até minha aprendiz, Linda, chegar para a nossa sessão. Precipitei-me para o banheiro e liguei o chuveiro. O telefone tocou. Era minha secretária, avisando que chegaria meia hora atrasada.

6
LINDA

"Como posso estar preocupada com a minha menopausa", dizia Linda, "quando o povo acabou de incendiar a cidade de Los Angeles? Como posso estar preocupada com meus súbitos ataques de ondas de calor quando todo o centro de Los Angeles está simplesmente em chamas? Vivi ali toda a minha vida", Linda prosseguiu, enquanto lágrimas escorriam por suas faces. "Tenho orgulho de ser uma mulher afro-americana." Ela dobrou suas longas pernas delgadas sob o corpo, acomodando-se no sofá. "Não sei como lidar com o terror e a confusão que estou sentindo, política e racial, que é caótica e está explodindo por todos os lados. Mas sei uma coisa: que estou sentindo as coisas ainda mais intensamente do que costumo senti-las. Sinto que meu corpo está reagindo violentamente à mudança hormonal. Eu não queria admitir isso para mim mesma nem para ninguém. Se falo em ondas de calor, as pessoas reagem como se eu tivesse dito lepra — não é um assunto popular!"

Sentei-me no sofá ao lado de Linda e envolvi-a com os braços. Podia sentir sua dor e sua raiva, que resultavam mais da confusão do que de qualquer outra coisa. "Linda, quando entrei na menopausa, neguei-a totalmente. Minha mãe estava em coma no hospital. Nunca mais iria falar com ela e eu sabia disso. Ela jamais falaria comigo. Ela era incrivelmente importante para mim e eu sentia uma enorme perda. O que era a menopausa em comparação com a morte? No entanto, tudo é relativo.

"O centro de nossa cidade está sendo incendiado, mas *sempre* senti uma grande tristeza e terror pelo estado de ignorância e ódio que se prolifera nas ruas de nossas cidades. No final dos anos setenta, eu participei de várias campanhas. Trabalhei como voluntária em vários grupos ligados a questões de cidadania durante muitos anos. Depois passei a dedicar minha vida a um propósito diferente, ao caminho do coração em vez do caminho da raiva. Anos atrás, quando percebi as iniqüidades do mundo, fiquei profundamente imersa nelas — os acordos não cumpridos, o ódio, a raiva, o desequilíbrio das energias masculinas e femininas no mundo.

Eu impregnei meu próprio ser de ódio por meus ancestrais, pelo que meu povo defendeu, pelas insanidades políticas que estavam ocorrendo em todas as partes. Eu tentava fazer alguma coisa com aquilo e um dia, quando estava em uma manifestação diante da Prefeitura, algo mudou dentro de mim. Percebi que estávamos conseguindo chamar a atenção momentaneamente, mas as condições do povo não estavam mudando, talvez estivessem até piorando. "Você está tentando mudar o mundo e você precisa, em vez disso, mudar sua vida", ou "você tem que ter boa aparência porque é tão difícil te ver". Esses versos de John Lennon tocaram-me profundamente. Eu entendo a raiva primitiva que as pessoas sentem quando não são ouvidas, quando esperam pacientemente pelo julgamento de uma causa e, quando o júri decide, é dado um veredicto que talvez não corresponda à justiça ou às necessidades das pessoas. Entendo, pelo menos em parte, o que você está sentindo hoje, Linda. Mas compreendo em minha própria vida que você não pode carregar a dor dos outros."

"Eu sei que um homem não pode sentir a dor de uma mulher e você não pode sentir a dor de uma raça que não seja a sua própria", disse Linda.

"Ao compreender isso, ao perceber que eu estava, talvez, tentando travar uma luta que não era minha, mudei. Descobri também que não podia ficar sentada assistindo ao que estava acontecendo no mundo sem fazer nada. Eu queria encontrar um meio de me comunicar, em vez de lutar sem resolver os problemas originais. Nós não somos separados; estamos todos travando uma luta por uma vida melhor e mais profunda."

Observei a expressão de Linda, passando de uma emoção a outra, assim como as nuvens, fazendo sombras fugazes sobre o deserto. "Eu não conseguia viver sem fazer pelo menos uma tentativa de corrigir alguns dos erros, e procurei uma orientação espiritual, assim como você procurou Agnes Alce que Uiva e Ruby Muitos Chefes e veio a mim", disse Linda. "Compreendi que com ódio não se consegue criar uma sociedade mais saudável. Não se consegue criar a partir da raiva; consegue-se apenas ferir e destruir. Olhando para esta nação, percebo que ela é o que fazemos freqüentemente, especialmente na mídia. Estamos destruindo nossos heróis, idéias, pessoas boas; e tudo o que é mau também, de forma que não sobre nada, nem alternativas", prosseguiu Linda, desafiadoramente.

"Se alguém se torna famoso por ter feito algo pela paz, por ter realizado qualquer coisa de especial ou único, de alguma forma, parece que encontramos um motivo para quebrá-lo em pedaços, não é mesmo?"

"Sim", concordou Linda. "Ficamos sem nenhum arquétipo para nossos filhos, nenhum herói, nenhuma heroína e, certamente, nenhum projeto de vida melhor. Parece que falamos incessantemente do que odiamos. Quero entender as dimensões misteriosas da cura e do poder. Quero ir à causa da doença que vive no interior de todos nós e encontrar um meio de curá-la. Quando olhei para nosso mundo, tão desprovido de equilíbrio, tive que procurar saber o que estava faltando, como você fez."

"Eu acho que a consciência feminina é a peça do quebra-cabeça que se perdeu. Minha jornada com a Irmandade é em prol do fortalecimento das mulheres, de mim mesma, e de uma abordagem pela vida de todos os seres vivos." Fiz uma pausa por um momento e olhei atentamente para a aura de Linda, que tinha passado de predominantemente vermelha e impregnada de raiva e frustração para uma mais verde, que me indicava que seu coração estava se abrindo. "Em certo sentido, Linda, a menopausa ocorre numa fase da vida muito interessante e, no seu caso, também da história. Você não acha?"

"Sim, acho."

"Ela ocorre em um período em que você já viveu metade de sua vida, mas há ainda outra metade a ser vivida. Como é uma espécie de meio do caminho, é como se o Grande Espírito a tivesse planejado para coordená-la com sua vida política e dissesse: 'Este é o momento de você fazer um balanço, Linda. Avaliar suas relações. Avaliar como você está vivendo e o que você criou'. Você criou tantas coisas em seu mundo. Tornou-se uma mulher extremamente bem-sucedida, conseguiu permanecer no sistema político sem se tornar uma vítima dele e continua vivendo no meio em que se criou. Sua vida social não mudou. Você não se prendeu a interesses políticos que poderiam ter-lhe comprado há muito tempo."

Percebi que Linda estava começando a se animar. Ela tomou um gole de chá. "Estou fazendo o meu trabalho e falando de coração sem medo e se as pessoas se enfurecem com meu ponto de vista, que seja. É um ponto de vista honesto e orgulho-me muito disso. Não querendo mudar de assunto, mas quando falo em público, misturo as palavras e acabo me esquecendo de algumas delas. Isso também acontece por causa da menopausa?"

"Sim", ri, "às vezes sinto como se minha mente tivesse ido passar uma temporada no Sul. Agnes sugeriu que eu tentasse tomar um remédio homeopático chamado Kali carb, e realmente funcionou comigo. Você pode encontrá-lo nas lojas de produtos naturais." "Ótimo! Gostaria muito de superar essa dificuldade", disse Linda. Rimos juntas em profundo reconhecimento.

"A menopausa talvez seja uma oportunidade, Linda, para você reconhecer junto com suas irmãs que este é tempo da fraternidade mesmo no aparente desolamento político e social. Quem sabe seja a hora de criar uma verdadeira fraternidade em seu povo, uma fraternidade baseada no amor e não no ódio, uma irmandade a partir do desenvolvimento da criatividade que pode criar um novo mundo, novos ideais, uma nova educação e uma nova forma de vida. Você tem — dada a realidade da qual veio — um vínculo muito forte com as pessoas com quem convive. A adversidade muitas vezes nos torna mais próximos, de um modo muito especial."

Linda concordou meneando a cabeça e enxugando as lágrimas. Ela olhou fixamente em meus olhos por um longo tempo. "Estou achando as coisas que você diz e o nosso trabalho espiritual em conjunto tão fortalecedor. A maioria de meus medos dissipou-se", ela disse. "Estou tirando um tempo sagrado para mim mesma. Estou encontrando minhas semelhantes e curando velhas feridas familiares. Minha terapeuta também está me ajudando em minhas relações. Ela também respeita profundamente nosso processo xamânico, como você respeita o trabalho dela. Muitas de minhas irmãs estão reconhecendo as experiências comuns que temos durante a menopausa. Fui ao meu ginecologista conforme você sugeriu, Lynn, e ele prescreveu o estrogênio em adesivo transdérmico e Provera. Eu o estou usando. Parece estar me fazendo muito bem. Estou me sentindo muito mais forte. Os remédios homeopáticos funcionaram para minha mãe, mas não para mim. O que estava acontecendo comigo, Lynn, é que eu estava ficando fraca fisicamente e descobri que, desde que comecei a usar os hormônios, sinto-me bem melhor. Sinto que, de alguma maneira, há um novo equilíbrio em meu corpo. Gostaria de levar esse mesmo tipo de equilíbrio de volta a meu povo. Estou tão assustada com o que aconteceu em Los Angeles ultimamente, pois sinto que todas as lutas que travamos pela igualdade racial, pela construção de uma sociedade melhor para o povo negro retrocederam em muitos anos. Sinto meu coração dilacerado."

"Você tem tido palpitações cardíacas irregulares à noite, não tem?", perguntei, após uma longa pausa.

Linda arregalou os olhos para mim. "Eu disse isso?"

"Não", respondi.

"Mas, então, como..."

"Veja o que disse há pouco."

"O quê?"

" 'Sinto meu coração dilacerado', mas não é só por causa das agitações."

Linda ficou olhando para mim e, em seguida, uma nuvem de tristeza a envolveu. "Oh, meu Deus!", ela exclamou. "É verdade, é por causa da menopausa e de tudo o que está acontecendo em minha vida. Estou com o coração dilacerado. Isso pode realmente provocar complicações cardíacas ou tensão cardíaca?"

"O que você acha?", perguntei.

"Você vai me ajudar? Essas palpitações me assustam."

"Linda, eu não posso ajudá-la. Só você pode se ajudar. Mas, tenho meios de assisti-la. Vou colocar espelhos para você. Se você tiver coragem, verá o que precisa mudar. Passe as próximas semanas observando-se, e a seu coração. Cá entre nós, sei que você vai ficar bem. Você terá apenas que ver como. Esse é seu segredo. O estrogênio também vai ajudar."

Permanecemos em silêncio por um tempo e, então, Linda disse: "Vou me observar. E depois?".

"Quero lhe dizer uma coisa. A medicina chinesa fala de deficiência renal Yin e Yang durante a menopausa. Você se referiu a ondas de calor, transpiração nas mãos, pouco interesse sexual e fadiga extrema, que, para os chineses, são sintomas de diferentes carências energéticas e que podem ser tratadas com acupuntura e ervas. Sugiro que você considere isso seriamente. Se você conseguir livrar-se de remédios, de reposição química, e continuar bem e saudável, provavelmente, seria mais sensato. Você não concorda?"

"Concordo, vou realmente considerar isso, Lynn."

"Bem, Linda, quem sabe se, assim como você procurou ajuda para o corpo, assim como procurou ajuda para a sua própria espiritualidade e sacralidade, talvez você possa encontrar um arquétipo na estrutura básica de seu próprio corpo e de sua saúde no contexto de sua própria cultura."

Linda contemplou as palmas de suas mãos e, então, pegou uma pedra jaspe de cima da mesa e colocou-a contra a luz. Ela era de vários tons de marrom e havia coerência e beleza na maneira com que a pedra refletia a luz.

"Você sabe, essa esfera é, em certo sentido, como as pessoas, não é?", Linda disse. "Ela é multicolorida e, ainda assim, cada tonalidade, cada cor sobrepondo-se à outra, torna-a muito bonita, como uma dança sagrada. Em certo sentido, estamos numa dança sagrada de nacionalismos e sei disso, Lynn. Eu sei qual o seu ensinamento

— que deixar-se enredar neste sonho insano em que estamos vivendo sem uma perspectiva espiritual é perder-se a longo prazo. Sei que, em algum nível, tudo isso não passa de ilusão. Como você tão bem me mostrou, eu conheço as profundezas da seriedade dessa vida que levam à iluminação. E sei que tudo isso é uma lição. Sei que todo esse trauma, essa dor e essa raiva são também uma lição que nos obrigará a mudar, espero que para melhor, e vejo isso. Vejo-o também em meu próprio corpo. Sei que estou sendo obrigada a olhar para a mulher que sou e enxergar certas coisas das quais não gosto."

"Que coisas, Linda? Do que é que você poderia não gostar em si mesma?" Eu tinha uma enorme admiração por aquela mulher que se colocava muitas vezes contra seus próprios líderes e fazia com que as pessoas enxergassem através dos véus do desentendimento e atingissem um patamar de comunicação. Eu tinha respeito por ela. Ela era muito linda.

"Eu acho, Lynn", ela disse, ainda segurando a pedra e desfrutando de seu frescor contra a face, "que a menopausa é uma grande oportunidade para se tirar um tempo para si, como você diz". Ela deu uma risadinha. "Uma pausa das tensões da minha vida política para voltar-me para mim mesma, porque no final, como você muitas vezes me disse, 'Não se esqueça de quem você é. Você é da deusa, do Grande Espírito ou de quem quer que seja seu deus!'. Eu não sou uma política. Eu sou uma mulher vivendo minha verdade, que, por acaso, trabalha com política e administração da comunidade. Passei muito tempo esquecida disso. Perdi meu equilíbrio, mas é interessante notar que, ao preparar-me para o nosso ritual com A Mulher no Limiar de Dois Mundos, vejo-me mais claramente e estou mudando em todos os sentidos."

Assenti em concordância. "Sim, isso realmente é a menopausa. E, por isso, é tão importante mudar nossa maneira de vê-la, porque por mais que encaremos a menopausa e as ondas de calor com bom humor, por mais que consigamos rir das circunstâncias nas quais nos encontramos, ela é uma transição muito séria. Ela tem a ver, de um modo profundo, com o resto de nossas vidas e nenhuma de nós gosta de envelhecer. Talvez apreciemos a sabedoria e o conhecimento que adquirimos e as experiências que tivemos, mas não gostamos, especialmente, de ver nossos corpos se aproximando lenta, porém inexoravelmente, da terra. Não há dúvida de que esse é um período para se fazer um balanço do passado, mas mais importante do que isso, eu creio", continuei dizendo, "é olhar para o futuro, porque não queremos repetir no futuro as iniqüidades do passado. Toda a sociedade está aprendendo isso. É quase como se todos — governo, ordens sociais, países, sistemas educacionais, instituições religiosas e um grande número de mulheres — estivessem fazendo, de certa forma, uma pausa dos homens.

"Vou beber em homenagem a isso", disse Linda, tomando um gole de seu chá de limão e recostando-se no sofá com um forte suspiro.

"Estamos reivindicando nosso espírito", argumentei, "não é verdade?"

"Bem, em certo sentido, acho que perdi meu espírito. Às vezes, fico tão terrivelmente cansada que não sei como continuar vivendo." Balancei a cabeça, concordando, pois seguramente eu já havia me sentido assim. Observei que as luzes de Linda começaram a fundir-se em verde, rosa, branco e dourado. Ela estava integrando sua mente ao corpo físico.

"Mas nós temos uma à outra, Linda; temos uma à outra e também uma irmandade muito profunda. Talvez a melhor lição da menopausa, da mudança de vida, seja que transformamos nossas vidas e estendemos as mãos, não apenas através de fronteiras raciais e culturais, mas para nossas irmãs, e nos unimos em um círculo de experiências que todas nós temos. Não importa de onde viemos nem para onde vamos, essa é uma experiência que todas temos em comum, portanto, vamos celebrá-la. Sim, estamos perdendo algo e sei que você sente isso profundamente, porque sei também de seu desejo de ter outro filho."

"Sim, realmente queria", confirmou Linda. "Meu marido e eu tentamos por muitos anos ter outro filho, mas acho que não era meu destino."

"Mas você já tem uma filha maravilhosa!"

"Eu sei, mas meu marido queria muito ter um filho."

"Bem, talvez da próxima vez", disse rindo.

"Sim, quem sabe da próxima vez, mas veja você", Linda prosseguiu, "assim como estou preocupada com minha vida na administração pública, também estou preocupada com meu marido, porque quando ele percebeu que eu estava na menopausa — e tenho que admitir que ocultei dele por um longo tempo — vi a decepção e a dor em seu rosto. Parece que é algo que ele não consegue superar, como se me culpasse porque nunca terá o filho desejado, tudo por culpa minha."

"Mas Linda, não é culpa sua. É simplesmente a realidade, como você bem sabe."

"Sim, eu sei, mas isso não me impede de sentir emoções desenfreadas no meio da noite, quando acordo e não consigo dormir de novo e meu marido virou as costas para mim."

"Linda, talvez você devesse trazer o Larry aqui, para conversarmos sobre isso."

"Oh, não, Lynn, ele jamais viria. Jamais. Ele não consegue falar de coisas pessoais diante de outras pessoas. Este é um assunto de grande privacidade para ele. Na realidade, ele não fala disso nem comigo."

"Bem, quem sabe, quando fizermos nosso ritual, nossa iniciação, quando você estiver no nível cerimonial de A Mulher no Limiar de Dois Mundos, talvez após a celebração Larry possa participar da cerimônia."

"Mas, como seria possível? É apenas para mulheres!"

"Não", eu disse, "é para toda a sua família. Não apenas para você."

"Verdade?", ela perguntou.

"Sim, e quero que seja assim, pois exatamente como quando a menina passa para a puberdade, o fato é celebrado por toda a família, você também será celebrada por toda a família. Afinal, você está se tornando a mulher mais velha, a sábia, a respeitada, e isso não tem nada a ver com a feia, a velha coroa enrugada, mas a coroa sábia e bela. Sim, provavelmente teremos rugas também, mas isso não significa que perderemos a essência de nossa beleza. Você é uma mulher muito atraente. Qualquer que seja a sua idade, você está passando para uma fase muito sagrada e isso deve ser compartilhado e reverenciado por todos. E será. Acho que posso prometer isso a você. Sei que Larry é um homem atencioso. Ele vai entender, porque, afinal, ele irá passar por sua própria mudança de energia, sua própria espécie de menopausa."

Linda arqueou as sobrancelhas, olhando-me, como que me perguntando algo.

"É verdade, Linda, os homens também passam pela menopausa, só que de maneira diferente. Eles não perdem necessariamente a fertilidade, mas mudam e alteram-se, e mesmo fisicamente seus níveis de testosterona sofrem alterações. Você já percebeu que a voz de algumas mulheres mais velhas fica mais grossa e mais forte? Isso ocorre porque seus níveis de testosterona elevam-se em relação aos níveis de estrogênio que diminuem. A energia *yang* freqüentemente aumenta e a *yin* decresce e faz-se necessário um reequilíbrio. Elas tornam-se mais masculinas. Muitas vezes os homens, quando envelhecem, têm uma redução nos níveis de testosterona e tornam-se mais femininos, mais receptivos e mais *yin*. Chegam até a parecer transparentes ao lado de suas mulheres. Você entende o que estou querendo dizer?"

"Sim, sei, acho que entendo. Nunca pensei nisso", ela disse. "Embora tenha que reconhecer que minha avó é como uma pistola."

"É isso mesmo que estou querendo dizer."

"Hããmmm", ela resmungou. "Ela ficou muito mais dominadora quando envelheceu."

"Você sabe, algumas das nossas tradições na Irmandade dos Escudos referem-se ao palhaço sagrado e como ele surgiu com a menopausa. Você percebe evidências de tais transformações sociais no Sul, por exemplo, onde as mulheres tinham um comportamento muito rígido; assim que entram na menopausa, passam para uma etapa diferente de vida. Elas permitem-se, então, através de um respeito mútuo na sociedade, tornarem-se extravagantes. Suas histórias tornam-se afrontosas. Elas falam, muitas vezes, de uma maneira excêntrica e desafiadora. Muitas sociedades são assim e é uma espécie de respeito que permite que as mulheres se comportem sem os constrangimentos usuais."

"Verdade?", ela disse.

"Sim, tenho alguns livros que vou lhe emprestar. Isso é verdade, historicamente, e a Irmandade refere-se a isso. Acho que Gêmeas Sonhadoras é um exemplo fantástico de mulher, uma mulher mais velha, que comporta-se quase sem nenhuma restrição. Não estou dizendo sem responsabilidade; quero dizer, sem limites com relação ao que se espera ou não de uma mulher. Ela ultrapassa até os limites da realidade comum, porque é capaz de alterar sua forma e ajuda os outros a perceberem de modo diferente — talvez muito jovem, ou velha, talvez como um falcão. Ela pode ir para onde quiser. É seu poder e ela cultivou esse poder. Começou a tê-lo durante a menopausa."

"Verdade? Gêmeas Sonhadoras sempre foi uma das minhas preferidas da Irmandade", ela disse. "Adorei ler sobre ela em *Star Woman*. É tão fascinante a maneira de ela curar com risadas."

"Sim, é uma grande arte e, infelizmente, está desaparecendo. Mas enquanto Gêmeas Sonhadoras e Ruby viverem, certamente não permitirão que ela desapareça totalmente."

Rimos juntas. Peguei a esfera das mãos de Linda e também coloquei-a contra a luz do sol que penetrava pelas janelas. Havia branco no interior do jaspe, provavelmente fragmentos de granito. A esfera foi intensamente polida, bela e perfeita. Sentia-a macia, como caramelo quente e mole em minhas mãos.

"Essa esfera representa a terra para mim", disse. "Quando passo para o sonho duplo, para outros níveis de consciência, uso essa esfera. Na maioria das vezes, olho para ela e vejo aspectos de nossa realidade física refletidos nela. Vejo a força e a beleza de todas as raças reunidas num todo vivo de beleza e cuidado, algo que todos nós precisamos aprender e vivenciar. Talvez com essa mudança na atmosfera social global em volta da terra e de nossas cidades, possamos criar uma comunicação sensível mais profundamente entre as pessoas, mais cedo do que jamais imaginamos ou sonhamos", eu disse, enquanto a chuva começou a tamborilar no telhado.

"Oh, que assim seja", disse Linda, inclinando a cabeça. "Obrigada, irmã."

7

MESMO QUANDO VOCÊ ESTIVER DESNORTEADA

Passei muitas horas fazendo o ritual e pensando em Linda depois que ela foi embora. Em seguida, juntei meu equipamento de chuva e fui para o centro hípico em Burbank, onde tive uma aula de equitação com Pam. Depois da aula, estávamos ambas famintas. Portanto, como Agnes tinha me sugerido que fosse a uma loja de produtos naturais e comprasse algumas vitaminas e ervas, achei que poderíamos ir, e comer lá.

"Vamos, Pam", eu incitei minha amiga nada entusiasmada, "nas lojas de produtos naturais há ótimos sanduíches."

"Detesto comida natural", rosnou Pam. "Podemos muito bem comer a alfafa da cocheira dos cavalos."

"Você não precisa comer brotos ou tofu", ri. "Eu lhe garanto que há algo de que você irá gostar."

"Tudo bem. Estou com tanta fome que sou capaz de comer qualquer coisa." Ela balançou a cabeça e deu-me um meio sorriso. "Você consegue um bocado de mim, você sabe."

Pam sorriu, com naturalidade, bom humor, e cutucou-me ao entrarmos. A loja estava apinhada da costumeira mescla humana de Los Angeles. Os corredores abarrotados de mulheres grandonas usando sandálias Birkenstock, empurrando carrinhos lotados e carregando crianças, balançando em porta-nenês presos nas costas, enquanto pegavam garrafas das prateleiras. Homens e mulheres vindos da Ásia, África, Arábia Saudita e América do Sul clamavam por atendimento numa cacofonia de línguas misturadas, desordenadamente. Quando Pam e eu nos olhamos, perguntando-nos se tínhamos ido parar no cenário de *Aliens*; um casal idoso, tentando ficar fora do caminho, empurrou um carrinho com um cão terrier negro contra uma prateleira superlotada e uma avalanche de frascos de plástico marrom, de vitamina C, desabou sobre o grupo assustado.

Tentando evitar a confusão, nos encaminhamos cuidadosamente para os frascos de tampas amarelas e verdes na seção das ervas. Peguei um frasco e tentei lei o rótulo — com minha vista que um dia foi perfeita —, mas meus esforços foram em vão. Tudo o que pude enxergar foi um borrão preto e branco.

"Pam, você consegue ler isso?"

Virei-me para procurar minha amiga, mas ela havia desaparecido entre a multidão coberta por turbantes de algodão e roupas multicoloridas. Exatamente quando eu estava abrindo minha bolsa para procurar os óculos, fui empurrada por alguém, que me fez cair de joelhos, e tudo o que estava em minha bolsa esparramou-se pelo chão.

"Oh, sinto muito", murmurou uma voz masculina. Virei-me e vi um santo de cabeça raspada e de manto cor-de-laranja com uma caneca de estanho e livros de cores intensas estendidos em minha direção. Ele havia escorregado numa casca de banana e estava recuperando o equilíbrio. "Achei que poderia despertar seu interesse pela iluminação", ele disse, batendo no livro com a caneca.

"Você poderia ajudar-me", eu disse, atônita, com o seu descaramento.

"É claro", disse ele, virando-se para sair. "Volto já."

O santo vestido de cor-de-laranja encaminhou-se em ziguezague em direção ao casal idoso e pressionou-os contra uma prateleira com queijos e salgadinhos de soja. Percebendo que ele não tinha a intenção de ajudar-me a levantar, comecei a arrastar-me sobre as mãos e joelhos acompanhada pelo rosnar do cão negro. Amaldiçoando em silêncio, recolhi minhas coisas — um Tampax para o caso de eu menstruar inesperadamente, um tubo dobrado de Borofax, produzido originalmente para erupções cutâneas, mas que eu aplico nos meus lábios quando secos e rachados, um frasco de gotas homeopáticas para os olhos, contra qualquer alergia, alguns comprimidos antiácidos, minha carteira e, é claro, os óculos, nos quais eu, no momento, estava colocando a culpa por todo aquele fiasco.

"Não posso deixar você sozinha nem por um instante", disse Pam, meio divertida e meio preocupada, ao juntar-se a mim no chão para ver o que eu estava fazendo.

"Nem queira saber", respondi, "é uma história longa demais."

Rindo, juntas, Pam e eu nos levantamos e eu voltei a procurar pelas ervas. Dei uma mordida na barra de castanha de caju coberta de alfarroba que Pam colocou em minha boca enquanto eu lia outro rótulo em minha busca interminável. Então, um pequeno cavalheiro de expressão bondosa viu-me vasculhando entre os frascos e veio em meu socorro.

"Posso ajudá-la?", perguntou.

"Pensei que nunca perguntaria", disse, sorrindo amavelmente.

"Estou procurando *cohash** negro."

"Não o temos isolado", ele respondeu, "mas eis aqui uma boa fórmula para a menopausa." Ele passou-me um frasco branco com tampa cor-de-rosa. "Certamente não é para você." Ele sorriu, olhando-me de cima a baixo. "Você é muito jovem."

Gostei imediatamente dele. "Você tem razão", disse-lhe, "mas parece que minha mente e meu corpo estão em desacordo quanto a isso." Ele sorriu e balançou a cabeça sabiamente. "Então, cara senhora, em que mais posso ajudá-la?"

Entreguei a ele minha lista e ele começou a indicar-me os lugares nos corredores, ajudando-me a fazer as escolhas certas. Justamente quando eu estava começando a me divertir, Pam chegou ao limite de sua paciência.

"Lynn, pelo amor de Deus, quer se apressar? Você não pode deixar seu ungüento contra ondas de calor para outra hora? Estou louca de fome e não há nada comível em todo esse lugar."

"Nossos sanduíches de brotos e tofu estão especialmente deliciosos hoje", disse inocentemente o homenzinho.

Pam simplesmente encarou o meu novo amigo. "Lynn, este lugar é mais barulhento e maluco do que um circo. Vou esperar por você lá fora."

O barulho parecia ter aumentado dentro da loja. Comecei a me perguntar se poderia adquirir saúde em tal atmosfera caótica. Antigamente, eu só ia àquela loja fora do horário comercial e sempre encontrei ali uma fonte de suprimento de ervas e informações. Eu não estava, portanto, melhor preparada para aquele caos do que minha não iniciada amiga mais jovem.

Enquanto meu pequeno salvador elogiava minhas compras, minha mente refugiou-se num recôndito tranqüilo de minha memória, onde eu sentia o perfume suave de pinheiro canadense e uma chuva branda em minha face. Ouvia a voz de Agnes entoando um antigo canto cerimonial à batida de seu tambor curativo. Dançando interiormente ao som de seu canto, eu lembrava-me do que me dissera.

"Fazemos parte do todo que é a Mãe Terra — para curá-la, temos, antes, que curar a nós mesmas e às pessoas que a destroem. Ouça minha voz cantando em todas as coisas nomeadas e nãonomeadas e ame tudo o que vive, mesmo quando estiver desnorteada nas ruas das grandes cidades do mundo."

(*) *Caulophyltum thalictroides*, erva medicinal usada pelos índios norte-americanos. (N. T.)

ACENDENDO O FOGO

CONFLITO DE MEDOS: MEREÇO SER SÁBIA?

A grande deusa ajoelhou-se diante de mim. Ela passou os dedos pelos desenhos no piso da caverna, fazendo as chamas propagarem-se em volta de meus pés e subirem pelas paredes. "Seus medos são correntes aprisionando seus pés. Eles impedem que você se mova em direção ao céu com as chamas. Você é como a água, minha aprendiz. Você desliza na direção da terra. Preciso aquecer você. Vou transformar seu corpo em vapor e vamos subir juntas em direção ao céu."

8

A MAGIA DA ESTRADA

Eu olhava para o céu cinzento, cujas nuvens mal eram visíveis através do lençol de chuva que me circundava enquanto eu percorria velozmente a auto-estrada que me levava para casa. De vez em quando, árvores surgiam da névoa, dos dois lados da estrada. Havia quatro pistas de tráfego intenso, a uma velocidade média de 90 Km por hora, sob chuva torrencial e ventos fortes. Estávamos isolados uns dos outros. A chuva era tão densa que não conseguíamos enxergar os carros à frente, mas ali estávamos por algum estranho golpe do destino, percorrendo o caminho, na mesma direção, com destinos diferentes. Se algum de nós mudasse de faixa, certamente ocorreria um acidente, morte ou lesão grave. Entretanto, permanecíamos em nossas pistas, confiantes de que sabíamos para onde estávamos indo, confiando em que cada pessoa soubesse comandar seu próprio veículo. Estávamos na mesma corrente energética, embora não nos conhecêssemos. Eu estava curiosa por saber o que nos unia naquela circunstância, sobre o destino na vida. Já nos conhecíamos de outras vidas? Quem sabe, o jipe preto à minha frente estava ocupado por alguém que eu tinha conhecido intimamente em outra encarnação. Quem sabe, mas estamos todos indo na mesma direção, mesmo que seja apenas por este breve instante.

Quando entrei na menopausa, senti-me como se estivesse fora de controle. É algo que toda mulher tem que passar, o que não significa que falamos a respeito. É uma passagem sem mapa, uma passagem para um enorme desconhecido. É, quase a metade de nossas vidas será vivida após a menopausa. Todas nós percorremos a mesma estrada, a mesma pista, a maioria isolada uma da outra, como tantos carros numa auto-estrada, imaginando qual será nosso destino, imaginando se vamos chegar a ela sãs e salvas, sem acidentes, sem doenças, sem alguma força imprevisível que nos desvie de nosso caminho e interrompa nossa jornada. Adiante, um letreiro, com luz intensa, piscava em sinal de alerta: DEVAGAR, PREPARE-SE PARA PARAR, ACIDENTE NA PISTA. Quão semelhante a isso é a nossa condição na vida, onde subitamente, porque a nossa fisiologia se alterou, deixamos de menstruar e o risco de doenças cardíacas aumenta em 50%. Se tomarmos estrogênio para retardar sua ocorrência, esperando que jamais aconteça conosco, incorremos então no risco de câncer. Que efeito estranho esse conhecimento deve exercer sobre nosso subconsciente. Já é suficiente conviver com a ameaça, a qualquer momento, de um terremoto, de uma guerra nuclear, de doenças prontas para atacar, se seu sistema imunológico estiver abalado, estressado ou esgotado. Quem vive, no mundo de hoje, sem estresse e fadiga? Não é de surpreender que, quando tomamos conhecimento do atrofiamento vaginal e todas as coisas incômodas que nos acontecem, fiquemos apavoradas, nos voltemos para nós mesmas e façamos de conta que nada está ocorrendo. Fingimos que a vida continua como sempre foi, com um largo sorriso e uma piada. Mas, por dentro, como não podemos "dar um tempo"? Além de tudo, sentimos que há um limiar ali. Sentimos, talvez, que é hora de ficarmos sentadas quietas por um momento em nosso próprio silêncio e com nossa própria verdade e começarmos a examinar o que criamos em nossas vidas. É hora de nos apropriarmos do que nos tornamos. É hora de ajustar as contas com nosso estilo de vida e nossos relacionamentos. Esse é o começo da iniciação. Você começa a ficar sentada em silêncio, a examinar as escolhas que fez. Algumas foram acertadas, outras não, e você lamenta pelas escolhas erradas, pelas tragédias de vida por que todo mundo passa. No processo de iniciação, você abre mão. Abre mão de sua dor. Abandona a velha bagagem. Você vai em busca de uma visão e precisa de tempo para ficar sozinha e reconsiderar sua trajetória de vida, para reconsiderar o que significa ser mulher.

No xamanismo, minhas mestras me ensinaram a ver sinais no mundo, pois as coisas não ocorrem por acaso. Estou agora parada na auto-estrada e olho à minha frente uma placa de carro que indica *iron tree.** Penso, é verdade, não é? As mulheres são feitas de ferro. Somos solicitadas a ser de tudo. Sempre exigiu-se de nós que suportássemos e, muito freqüentemente, nós suportamos em silêncio. Não expressamos o desespero silencioso de nossas dificuldades matrimo-

---

* Literalmente, "árvore de ferro", ou madeira de lei. (N. T.)

niais, o desespero e a solidão de criar filhos em casa, com muita freqüência, isoladas do mundo. Temos a sensação, como Betty Friedan expressou tão bem em seu livro *A mística feminina*, de que, enquanto mulheres, achamos que o mundo funciona sem nós. Como recuperarmos o movimento para dentro do mundo? Como voltarmos a sentirnos parte das coisas? A menopausa é outro marco no qual temos que manter nossa força, silenciosamente, e de novo sentimo-nos separadas do mundo e do que está acontecendo com as pessoas ou mulheres mais jovens que ainda não tiveram essa experiência. Em tempos passados, havia sempre um ritual e havia sempre uma dança e uma festa. A dança de uma vida tradicionalmente sagrada era maravilhosa e proporcionava uma sensação de unidade com o criador. Essa unidade pode ser recuperada. Dançamos ao entrar na iniciação, e ao sair, do outro lado. É isso que eu gostaria de lhe oferecer. Se você não se sente isolada, não sente nenhum desses aspectos da menopausa de que falo — embora eu não consiga imaginar que você não os sinta, se você for honesta e verdadeira consigo mesma, mas talvez não os sinta — pode ser algo que você consiga superar facilmente, talvez você seja muito forte e isso é maravilhoso mas, mesmo assim, é uma situação que deveria ser assinalada, porque é uma transição importante. Você está deixando de ser uma mulher fértil, capaz de procriar, para tornar-se uma mulher de sangue sábio, e isso significa que você está retendo seu sangue e detendo seu poder e sua sabedoria. Você se torna a mulher mais velha; você se torna a mestra; você se torna o espírito feminino de sua gente. Para ingressar nessa iniciação, a dança é uma celebração maravilhosa, porque na dança você sente a inspiração do espírito e torna-se essa inspiração, através de seu próprio movimento, de sua própria expressão. Você expressa a sua sacralidade como você é. Portanto, vou ensiná-la a dançar, porque essa iniciação refere-se à unidade, à irmandade; ela é a celebração de seu poder, pois está relacionada com seu deus ou sua deusa.

De repente, os carros começaram a mover-se num fluxo estável como a chuva. Parece que tínhamos parado sem nenhum motivo, como acontece com tanta freqüência na vida. Não havia sinal de obstrução. Recostei-me no assento e respirei profundamente. Senti um novo fluxo energético percorrendo a auto-estrada e uma determinação mais profunda no interior de mim mesma, desimpedida, uma sensação mais livre de conexão com um mundo aparentemente estranho. Agnes ensinou-me a ver a vida como um desafio e a aceitar cada momento como uma dádiva, não importando quão frustrante seja a situação, mesmo um engarrafamento de trânsito. Felizmente, eu chegaria em casa a tempo para meu compromisso com Phyllis, uma mulher com a qual nunca havia trabalhado antes.

9
PHYLLIS

"Não estou interessada em xamanismo", disse a mulher, cautelosamente, enquanto cruzava delicadamente as mãos sobre o colo. Estávamos sentadas em minha sala de estar. Era um dia frio e tempestuoso, mas a chuva tinha parado. O fogo dançava na lareira, provendo uma aura de calor e aconchego ao encontro que de resto estava sendo difícil.

"Se você não está interessada em xamanismo, Phyllis, então não posso ajudá-la", eu disse.

"O que você quer dizer?"

"Bem, não sou psicoterapeuta, portanto, terei que indicar outra pessoa. Posso sugerir uma mulher maravilhosa que estudou em Stanford."

"Mas não quero nenhuma terapeuta. Desculpe, acho que o que me interessa, realmente, é você, sua experiência."

"Podemos falar um pouco sobre isso se você quiser, desde que fique entendido que não exerço a psicoterapia, apenas treino as pessoas na prática do xamanismo que aprendi. Certo?"

"Certo."

"Você gostaria de falar-me um pouco, Phyllis, sobre seus sentimentos com relação ao xamanismo? Você sabe o que é o xamanismo?"

"Tudo o que sei é que soa como algo sobrenatural", Phyllis afirmou de maneira muito enfática, pegando sua xícara de chá, tomando um gole e segurando-a na palma da mão. "E estou realmente cansada de ouvir falar de auras e outros estados de consciência, viagens espaciais ou o que quer que você as chame."

"Viagem astral", corrigi.

"Sinceramente, Lynn, não quero ser rude. Li seus livros e gostei deles como novelas de aventura. Gosto da maneira como você assumiu sua força e descobriu a respeito de si mesma. É isso o que importa para mim. Mas, xamanismo, parece ser algo muito distante para mim e... realmente, não sei o que vim fazer aqui."

Phyllis começou a chorar e eu lhe estendi um lenço de papel. Seu rosto estava vermelho e havia gotas de suor em sua fronte. Eu podia ver suor em seu couro cabeludo e no dorso de suas mãos. Sabia que ela estava tendo uma onda de calor. Ela pegou o lenço e passou-o na nuca. Finalmente, com um suspiro, recostou-se no sofá e olhou-me, em estado de completo desespero.

"Sou casada com um homem que é muito poderoso", disse Phyllis. Assenti.

"Ele é diretor de um estúdio cinematográfico e gosta de uma vida tranqüila em casa, pois no estúdio tudo é muito complicado." Ela recomeçou a chorar. "De um ano e meio para cá, apesar de estar tomando progesterona e estrogênio, tenho estado fora de controle. Estou na menopausa. Minhas emoções tornaram-se um inimigo dentro de mim. Nos períodos mais estranhos parece que vou desabar e isso está causando um grande rombo em meu casamento. Meu marido passou a dormir em outro quarto, porque durante toda a noite eu sinto calor, depois frio, e vice-versa, cobrindo-me e descobrindo-me e, francamente, Lynn, sinto-me infeliz e não sei o que fazer. Lamento muito se a ofendi. Não foi minha intenção, mas vejo que você encontrou algumas respostas. Talvez possa me ajudar a encontrar algumas." De novo, ela começou a chorar, com o lenço na boca.

Fiquei sentada com ela por um longo tempo. Em seguida, perguntei-lhe delicadamente: "Phyllis, qual era o seu sonho quando criança? Como você visualizava sua vida adulta?".

O semblante de Phyllis iluminou-se. Seus cabelos castanhos tinham um corte reto, até logo abaixo da linha do maxilar, com uma franja sobre a testa que ocultava as rugas ali presentes, mas que apareciam ocasionalmente quando ela sacudia a cabeça de uma maneira muito juvenil. Ela era uma mulher muito atraente e de aparência sofisticada. Vestia um lindo suéter de *cashmere* bege, saia, meias e sapatos simples, porém caros. Era uma pessoa bem-cuidada. De repente, a umidade em seu rosto ganhou brilho com a exuberância de sua expressão, levando-a de um estado de grande tristeza para o de um entusiasmo quase infantil.

"Oh, Lynn, sempre quis dançar. Saí do útero dançando, acho." Riu para si mesma. "Minha mãe era bailarina na Rússia, casou-se com meu pai e deixou a Rússia muito cedo. Nós vivíamos em Nova

York. Meu pai era de uma família política muito próspera. Embora minha mãe fosse famosa como dançarina — eles a chamavam de Lillian —, a família de meu pai achava pouco apropriado ela continuar dançando, subindo ao palco e divertindo o público, mesmo sendo uma grande artista. Eles achavam que isso não se ajustava à imagem da família, e ela, portanto, abandonou a carreira, e teve a mim e a meus três irmãos. Eu sempre quis dançar, e freqüentei aulas de dança, de todos os tipos, mas minha mãe sempre deixou muito claro que não era algo que eu pudesse exercer profissionalmente. Salvo alguns recitais de que participei quando criança, jamais realizei meu sonho." E, de novo, ela começou a chorar. Ela estava encharcada da cabeça aos pés.

"Venha", peguei-a pela mão, que também estava molhada, e levei-a até o banheiro, dei-lhe uma toalha cor-de-rosa e macia, e ela enterrou a cara nela. Ela não usava maquiagem, apenas um pouco de base. Seu batom tinha desaparecido inteiramente. Disse-lhe: "Fique à vontade, Phyllis. Vou esperá-la na sala".

Quinze minutos depois, Phyllis voltou para a sala com os cabelos recém-penteados e o rosto finalmente seco. Dei-lhe um copo de água gelada, que bebeu agradecida, em grandes goles. Ela sentou-se novamente em frente a mim e dessa vez sorriu de uma maneira muito mais relaxada. Coloquei uma música para tocar.

"É muito bonita", ela disse, enquanto os ombros começavam imperceptivelmente a mover-se com o ritmo. Então, peguei o tambor que estava a meus pés e passei-o a ela. "Oh", exclamou, "não sei tocar instrumentos musicais."

"Não importa. Apenas pegue o tambor, assim." Peguei outro tambor e segurei-o pelas tiras nas costas. Peguei um bastão e indiquei-lhe que fizesse o mesmo. Ela pegou-o. "Agora, Phyllis, esqueça a mulher que você é na vida cotidiana, apenas por um momento. É evidente que algumas coisas que você faz não estão funcionando, portanto dê-se uma oportunidade para ser diferente por um momento. Você está segura aqui; não há ninguém vendo. Vamos tocar um pouco."

Comecei a bater no tambor ao ritmo da música e, em seguida, Phyllis acompanhou-me. Logo estávamos batendo freneticamente ao ritmo da música que se elevava num crescendo nos alto-falantes à nossa volta. Depois de algum tempo, levantei-me. Ela livrou-se dos sapatos de salto alto e levantou-se também. Fomos para o centro da sala.

"Phyllis, feche os olhos", eu disse. "Feche os olhos e deixe seus joelhos dobrarem-se assim."

Dobrei e estiquei as pernas, para cima e para baixo, ao ritmo da música. Consegui que ela fechasse os olhos e, quando o fez, uma

95

expressão relaxada de êxtase transpareceu em seu rosto e sua cabeça começou a mover-se com o ritmo. Ela sabia mexer bem o corpo. Era evidente que tinha um senso de ritmo muito treinado e era bem centrada.

"Sonhe, Phyllis, abandone sua mente e deixe que sua imaginação a leve para uma campina na selva. A grama verde é fresca e viçosa. Há orvalho nas pétalas das flores. Pequenas campânulas azuis, grama de mostarda amarela e lindas margaridas, brancas com miolos negros, cobrem o chão. Há pássaros sobrevoando e as nuvens são vagalhões macios. Continue batendo; siga o ritmo. Imagine-se simplesmente atravessando a campina. Você está com uma saia longa que se prende nas pontas do capim. Você está de sandálias. Você sente uma brisa suave vinda do sul nas faces e ela sopra em seus cabelos."

Tocamos por um longo tempo, atravessando mentalmente a campina juntas. Quando senti que ela estava em condições, quando percebi que seu campo energético estava tomado pela cor verde e seu coração tinha se aberto, que ela estava vulnerável e em um estado quase infantil de doçura e graça, sugeri que ela começasse a dançar.

"Phyllis, mova-se com o ritmo que estamos produzindo. Mova-se com o som da música, não precisa ser nenhum passo específico, mas mova-se simplesmente. Se quiser largar o tambor, largue. Continuarei batendo. Permita-se desfrutar da sensação que está tendo neste momento. Sei que está sentindo-se expandir, aquecida, numa espécie de estado de graça. Permita-se simplesmente sentir isso. Desfrute. Divirta-se."

Phyllis abaixou-se, colocou cuidadosamente o tambor no chão e, levantando a saia até acima dos joelhos, abriu os braços como uma águia voando e começou a subir e descer ao som da música. De repente, ela saltou para o ar e, das profundezas de seu espírito, ela soltou um grito que para todo mundo poderia soar como o de uma ave de rapina. Ela volteou pela sala, curvando-se, rodopiando e saltando. Ela ria jubilosamente. Então, começou a se mover tranqüilamente diante da janela. A luz que penetrava através do limoeiro reluzia em seus cabelos, acentuando a graciosidade e vitalidade de seu corpo e os contornos de sua linda pele. Estava se deleitando com a sensação do sol aquecendo seu corpo. Estava entregue à sensação de liberdade.

"A dança é algo muito sagrado", eu disse. "É mais do que simples movimento. Quando uma pintora cria um quadro, ela pensa em sua pintura. Ela intui aquela pintura. Mas então ela tem que sair de si mesma para criar aquela obra de arte e isso cria uma dualidade. O que aconteceu em sua vida é que você criou uma dualidade. Há você, e há todo um outro mundo lá fora. Você não se sente parte daquele mundo há muito tempo. Quando uma poeta cria sua poesia, ela tem que escrevê-la em uma folha de papel, que passa a existir separada dela, mesmo tendo sido ela o seu criador. Na criação de uma obra de arte há uma espécie de graça que provém do Grande Espírito, de seu deus ou de quem quer que seja. É um sentimento de inspiração e júbilo. É a verdadeira arte da inspiração que nos deixa felizes. É o estado de unidade com a vida que todos nós buscamos. "Phyllis, você tem esse talento. Você sabe que tem esse talento desde muito pequena, mas não se apropriou dele porque lhe disseram que não era adequado. Quem sabe, agora, você possa reivindicar essa parte de si mesma que abandonou. Talvez você possa resgatar o que é seu, o que você sempre soube ser verdadeiro. Não é de surpreender que você esteja triste e desesperada e que sua menopausa seja difícil. Você abandonou partes de si mesma com as quais agora está se defrontando. Elas são espelhos para a sua iluminação. Sei que tais palavras são difíceis, mas por enquanto continue dançando. Continue sentindo essa capacidade de êxtase dentro de si."

Deixei-a a sós e continuei sentada batendo no tambor. A música tocou repetidas vezes e, finalmente, depois de mais de uma hora, Phyllis caiu no chão, deitada de costas, ofegante e rindo ruidosamente. Dei-lhe outro copo de água gelada e, por fim, ela sentou-se.

"Phyllis, foi maravilhoso. Você dançou magnificamente. Como está se sentindo?"

Ao terminar de beber o copo de água, ela estendeu os braços e deu-me um grande abraço. Lágrimas rolavam pelo seu rosto, mas dessa vez eram lágrimas de felicidade. "Não sei o que dizer", ela disse, "a não ser, muito obrigada. Pensei que fosse ficar aqui sentada hoje e retornar uma sessão após a outra, ano após ano, e que fôssemos ficar conversando. Jamais imaginei que" — olhou para seu relógio — "em duas horas minha vida pudesse mudar. Não consigo explicar como me sinto diferente."

"Não é um milagre, você sabe. Você fez isso."

"O que foi que você disse sobre os artistas e a dualidade?"

"Estava dizendo que a dança torna-se o dançarino e o dançarino torna-se a dança. Quando você dança, você se torna a expressão viva de sua arte. Há uma unidade que é criada com sua fonte de inspiração. Essa fonte é a força vital, o Grande Espírito que a anima."

Phyllis olhou fixamente para mim. Em seguida, procurando em sua bolsa, encontrou um pequeno caderno espiral e uma caneta e começou a anotar. Seus cabelos castanhos caíam-lhe sobre os olhos. Ela sacudiu a cabeça e continuou anotando. Eu vi um grande esquilo cinzento saltar da amoreira para a grade da sacada. Ele sacudiu o rabo e chilreou para seu próprio reflexo na janela.

97

"Um bom sinal", eu disse, indicando o esquilo do lado de fora.

"O quê?", ela perguntou.

"O esquilo é um símbolo da família. Ele recolhe nozes e sementes para usar mais tarde."

"Você fez tanto por mim, a partir do nada e por nada", ela disse.

"Não, Phyllis, eu não fiz nada por você, a não ser amá-la e vê-la. Fui treinada para curar, para segurar espelhos diante de você e, se você tiver coragem de se olhar nesses espelhos — e esse é o truque —, você poderá mudar sua vida. Posso oferecer-lhe um ambiente para crescer, mas a escolha de crescer é sua."

"Você quer dizer que pode levar um cavalo até a água, mas não pode fazê-lo beber?", ela riu.

"É isso. Você escolheu resgatar os aspectos de você mesma que foram negados, não é assim?"

Phyllis respirou profundamente e contemplou o sol brilhando lá fora através da trepadeira de primavera fúcsia. Ela girou a cabeça de um lado para outro. Seu pescoço estava obviamente rijo.

"É importante para você estar certa, não é, Phyllis?"

Eu ouvia os estalidos de seu pescoço. Ela virou-se e olhou para mim.

"Sim. Acho que é. Como você sabe?"

"Posso vê-lo em seu pescoço. Ele está muito tenso, não está? Há tensão em sua nuca."

"Sim, mal posso virá-lo."

"Bem, você precisa estar certa. Você precisa saber que está certa com respeito a algo, porque tudo parece errado e você não quer admitir isso."

"Sim, você tem razão. Novamente, você tem razão", ela disse rindo. "Oh, meu Deus, sinto que tenho tanto para aprender e você mostrou-me isso, Lynn. Você mostrou-me que há todo um mundo novo lá fora e que há esperança."

Levantamos do chão e voltamos para o sofá. Sentei-me em minha poltrona à esquerda, quase de frente para ela.

"Quando encontrei pela primeira vez minha mestra, Agnes Alce que Uiva", eu disse, "ela ensinou-me sobre a sacralidade dos pássaros e de todos os seres vivos."

Eu tinha uma pena na mão e passava os dedos nela para alisá-la. Era uma pena de falcão que Ruby tinha me dado anos atrás e quem eu usava freqüentemente em meu trabalho com as pessoas. Ela dava-me forças e me lembrava de que estamos todos aqui para refletir o Grande Espírito e enviar-lhe mensagens, quando podemos, em forma de orações.

"Quando me sentei pela primeira vez na cabana de Agnes Alce que Uiva, olhei para o seu rosto e vi a mulher com quem eu queria aprender. Tal era o seu poder e sua simplicidade, e ela olhou para mim e riu. Ela sempre ri para mim, Phyllis, e eu vou rir um bocado para você. Não é bem para você, mas com você. O propósito é tirá-la de sua seriedade e de sua necessidade desesperada de estar certa, pois estamos certas apenas algumas vezes e, freqüentemente, estamos equivocadas. De qualquer maneira, Agnes olhou-me, penetrante, e disse: "Nós duas estamos sentadas cada uma de um lado de um abismo. Você está em um lado do Grand Canyon. Imagine isso", e ela bateu na coxa e deu uma risada, "e eu estou aqui, com paz, liberdade e alegria. Nosso trabalho, juntas, é o processo de construir uma ponte sobre esse grande abismo. É uma ponte com a luz do arco-íris, construída a partir de sua confiança no fato de que eu sei do que estou falando. Você tem que confiar em mim, Lynn, porque se não confiar não sairemos do lugar. Você fica parada lá do outro lado do abismo com uma carga pesada em volta do pescoço." "O que você quer dizer?", eu perguntei. "Aquela carga pesada é formada por suas idéias e medos auto-impostos. Você tem uma cerca em volta de sua consciência. A capacidade de desfazer-se da carga pesada será atingida com nosso processo de ensino. O que vai acontecer é que você se livrará dela lentamente, ano após ano, até que um dia a deixará cair e, então, você terá construído a ponte sobre o abismo e precisará de fé para dar o primeiro passo sobre ele. Você está sentada lá do outro lado, Lynn, impotente, e eu estou sentada do lado de cá, com poder. Como posso fazê-la vir de onde você está até onde eu estou?"

"Começa como começamos hoje, Phyllis. Trabalharemos juntas e eu segurarei os espelhos para você e você trabalhará no ritmo que puder. Depende de você. Você pode iluminar-se em um dia, em um instante ou, talvez, levar mil vidas. Mas, lembre-se, tem que haver confiança e fé em você mesma, em sua própria bondade intrínseca, em sua força inerente e em seu propósito de ser inteira."

Phyllis olhou para mim com os olhos arregalados. "Estou perplexa", ela disse. "Estou perplexa com a simplicidade do que aconteceu aqui hoje, mas diga-me uma coisa, Lynn, o que isso tem a ver com a menopausa?"

"Tudo isso tem a ver com a menopausa, pois tenho a sensação de que, em sua adolescência, você provavelmente teve um grande desejo de tornar-se dançarina. Não é verdade?"

"Sim. É absolutamente verdadeiro."

"Você foi privada de seu sonho", eu disse.

"Sim, tive que negar a mim mesma. Era mais apropriado que eu fosse para uma escola de meninas no Leste e estudasse humanidades; senti-me perdida e triste. Tive um período de grande depressão na adolescência, por volta de dezesseis anos. Tive tanta dificuldade que cheguei ao ponto de deixar a escola. Meu pai e minha mãe ficavam furiosos comigo, mais do que preocupados. Eles ficavam furiosos porque eu não fazia o que deveria estar fazendo. Por fim, quando voltei para a escola, abandonei para sempre meu sonho de ser dançarina." De novo, a tristeza turvou o rosto de Phyllis.

"Quando trabalharmos juntas novamente", eu disse, "é importante que voltemos à sua adolescência e que conversemos com essas partes de você mesma que deixaram de ser nutridas por todo esse tempo. Você também vive com um escudo masculino muito forte, Phyllis. Você é uma mulher muito bonita, mas esconde essa beleza e eu acho que de alguma maneira seus sentimentos femininos estão ligados a seu talento para a dança. Essa é uma parte que você reprimiu, não é mesmo?"

"Sim, é. O movimento feminista deixou-me furiosa e eu não gostava dele. Tomei o partido de meu marido contra tudo aquilo, achando que o movimento era uma negação do poder da mulher em vez de uma recuperação de seu poder."

"Acho que seria muito sensato de sua parte, Phyllis, reler alguns daqueles livros feministas do passado. Vou lhe dar uma lista. Compreender de uma nova perspectiva o que as mulheres estavam tentando fazer. Não há dúvida de que cometemos enormes erros e acho que a falha mais evidente em todo o movimento feminista foi a grande ausência de sacralidade e, quando encontrávamos a sacralidade, nós a colocávamos fora de nós mesmas, numa deusa ou num deus. Não assumíamos aquela divindade internamente, nem percebíamos que éramos a própria deusa. Mas isso está mudando bastante hoje. Você, Phyllis, é essa deusa. Quando curarmos aquele período da adolescência em seu interior, acho que suas ondas de calor vão abandoná-la e seus hormônios se equilibrarão. Há muitas ervas, também, que posso lhe dar. Não estou mandando tomar nada; estou apenas dizendo que talvez você goste de explorar todo esse mundo novo de energia e ver o que é adequado e o que não é. Você tem cãibras terríveis de vez em quando, Phyllis?", perguntei.

"Sim, tenho."

"Gostaria que você experimentasse algo em casa, quando elas surgirem. Visualize a dançarina que ainda não nasceu dentro de você, tentando ter vida, vir ao mundo. Veja-se dando à luz a essa parte dançarina de você mesma."

"Isso vai aliviar as cãibras?"

"Não sei, pode ser que sim. Mantenha um diário para registrar suas experiências daqui em diante. Telefone-me se precisar. Estarei na cidade por várias semanas", eu disse, dirigindo-me para a porta. Dei-lhe um exemplar do *The power deck* para que o usasse em casa como um meio de centrar-se e ajudá-la a trabalhar com seu mundo particular de espiritualidade. Também emprestei-lhe um tambor para que o usasse até adquirir o seu próprio.

CAVALGANDO O FOGO

A ALQUIMIA DAS ONDAS DE CALOR

"Cavalgue comigo."
A Mulher no Limiar de Dois Mundos chamou-me para ir com ela.
"Cavalgue o fogo quando ele entrar em seu corpo. Séculos atrás a mulher detinha o poder na terra. Ela sabia que a alquimia do calor ia purificar seu corpo e transformá-la, para sempre, num ser poderoso. O calor é a fonte de sua nova vida. Algumas não necessitam do fogo em seus corpos. Ainda assim, podem cavalgar-me até o reino de seus sonhos."

10

RECAPITULAÇÃO

Eu estava sentada à mesa de um restaurante em Beverly Hills, "La Famiglia", que existia há anos. Lembro-me de ter jantado ali com um velho amigo quando conheci Agnes Alce que Uiva. Meu amigo, um dramaturgo, tinha me encorajado a retornar a Agnes no Canadá. "Dissolva-se na natureza", ele insistira. Eu estava encontrando dificuldades para conciliar o trabalho criativo e a vida. Percebi que ainda achava isso difícil. Lembrei-me de ter me questionado naquela ocasião sobre se eu não seria demasiadamente velha para mudar minha vida tão drasticamente. Eu tinha trinta e poucos anos na época.

Nessa noite eu estava sentada com vários amigos, toalha branca sobre uma forração, talheres de prata, cálices de cristal com água e vinho diante de nós. As luzes baixas refletiam-se artisticamente no vidro enfumaçado em volta da sala. Era um restaurante pequeno e elegante. Todos tínhamos pedido diferentes tipos de pasta, rindo, falando de política e comentando os acontecimentos do dia. Eu estava usando um vestido preto que envolvia o corpo com uma abertura de um lado. Examinei discretamente meu reflexo no espelho. Tinha acabado de lavar os cabelos e, apesar de eles terem perdido um pouco do brilho durante o processo da menopausa, eu ainda tinha uma saudável desordem de cachos loiros até os ombros. Pensei em Sally, minha querida amiga, que, quando tinha chegado aos quarenta, cortara seus lindos cabelos espessos na altura do maxilar. Ela havia dito: "Mulheres de certa idade não devem usar cabelos compridos. Eles puxam suas feições para baixo". Olhei para o meu reflexo e perguntei-me se meus cabelos estavam puxando minhas feições para baixo ou não. Não me parecia. Lembrei-me de ter visto, quando era criança, pequenas senhoras de idade com lábios vermelhos em forma de arco de Cupido e manchas de ruge nas faces. Perguntei-me se eu simplesmente não estaria mais enxergando tão bem como costumava. Balancei a cabeça com um suspiro. Sandy me pediu para lhe passar a manteiga. Com um olhar zombeteiro, ela disse: "Lynn, não sei por que você está escrevendo um livro sobre a menopausa. Eu estou na menopausa há dois anos e as chamadas 'mudanças da vida' não mudaram absolutamente nada em minha vida". Tomando um gole de vinho e colocando o copo na mesa, olhei para minha amiga e disse: "Não é possível! Eu não fazia idéia de que você estivesse na menopausa. Você jamais mencionou nada". "Bem, não havia nada para dizer", disse Sandy. "Simplesmente passei por ela. Não foi nada demais."

Sandy usava um vestido um pouco decotado demais, expondo os seios exuberantes. Ela estava linda. Seu marido, um artista bemsucedido, se mostrava evidentemente orgulhoso dela, mas havia algum sintoma de desespero oculto em torno dela, algo que eu vinha percebendo nos últimos anos, mas não tinha parado para pensar a respeito. Olhei novamente e vi que sua face estava úmida, mesmo com o ar-condicionado do restaurante. Na verdade, eu estava sentindo frio quando normalmente sinto calor. Pensei: "Claro, Sandy", enquanto percebia as gotas de suor em sua testa. Se pudéssemos, pelo menos, ser honestas no que diz respeito ao que temos em nossas mentes, se tivéssemos a coragem de dividir isso, então compartilharíamos nossos conhecimentos.

"Realmente, Lynn, sempre sinto calor quando como", ela disse, ao ver que eu a observava enquanto comia uma garfada de salada. "Ótimo. Acho maravilhoso, Sandy. Gostaria de poder dizer o mesmo. Tem sido bem mais difícil para mim."

Judy, uma mulher de 45 anos, morena, esbelta, alta e linda, estava sentada na ponta da mesa com seu namorado de longa data. Ele tinha, talvez, uns oito anos menos do que ela. "Ei, será que temos que falar sobre assuntos de gente velha?", ela perguntou. "Allen e eu vamos ter filhos, sabiam?"

Olhei para ela de olhos arregalados, sabendo que ela estava com 45 anos, embora parecesse ter 35.

"Sei de muitas mulheres que têm filhos aos 45 anos, e até mesmo aos 50", ela disse.

"Sim, há muitas mulheres que engravidam na menopausa", disse Sandy. "Já ouvi falar nisso. Não entendo por que alguém teria filhos com quarenta e tantos anos, sinceramente, e especialmente pela primeira vez."

Judy ficou bastante ofendida com a afirmação de Sandy. Ela tomou um gole, mais parecido com um trago de vinho, e colocou o copo com tanta força que derramou um pouco. "Bem, por que não falamos sobre outra coisa?" Senti uma cortina emocional caindo à sua frente.

Era um assunto incômodo para ambas as mulheres sentadas à mesa. Após uma pausa percebi que era igualmente incômodo para mim discuti-lo, especialmente na presença de meu namorado. De fato, se fosse honesta comigo mesma, tampouco eu queria falar nesse assunto. Quem foi mesmo que o trouxe à baila? Tive que rir. Pensei — é exatamente por isso que tão pouca pesquisa foi feita sobre esse tema. As mulheres preferem beber um copo de conhaque misturado com veneno do que admitir que estão na menopausa.

Finalmente, expressei minha opinião, mesmo sabendo que me tornaria extremamente impopular. "Vocês sabem por que a ciência médica não avançou mais nas pesquisas sobre a menopausa? Mais uma vez, gostaríamos de culpar os médicos, mas acho que temos que assumir parte da responsabilidade. Realmente, até hoje não reivindicamos a necessidade de saber mais. Nós, mulheres, simplesmente a deixamos passar. O que acontece é que se sabe muito pouco sobre esse assunto. Nossa geração provavelmente vai ser a cobaia. Mas, como vocês dizem, meninas, essa não é uma conversa para a mesa do jantar. Talvez possamos nos reunir para conversar. Gostaria de compartilhar com vocês o que estou escrevendo e o que estou tentando revelar que nunca antes foi abordado."

Então, o garçom chegou com lindos pratos de comida, pratos com queijo, massas e molho de tomate. Esquecemos o que estávamos discutindo e começamos a rir, a propósito do filme a que tínhamos acabado de assistir sobre uma atriz famosa sendo personificada por um homem. Nossa velha amizade nos protegia. Aparentemente, ninguém percebeu que nossas risadas eram um pouco mais altas e nossa conversa um pouco mais exagerada do que de costume.

11
BETH

Beth e eu estávamos andando por uma exuberante campina verde, com pés de mostarda que chegavam à nossa cintura. O sol estava quente. Era uma primavera incomumente chuvosa para Los Angeles. Beth olhava-me com o canto dos olhos, enquanto fitava a vegetação e as flores. Percebi seu caráter sutil e sorri para mim mesma, lembrando-me de que eu mesma havia me aproximado de minhas mestras de maneira similar. Já fazia um ano que Beth trabalhava comigo como aprendiz. Ela era uma mulher alta, com cabelos naturalmente loiros amarrados num rabo-de-cavalo. Beth era uma pessoa muito amável e generosa, tão generosa que tinha passado seu poder a quase todos os que faziam parte de sua vida. Para agradar a família e cuidar do pai doente e da mãe na velhice, ela só se casara aos 34 anos. Eu a observava enquanto colhia algumas florzinhas silvestres, cheirando-as e apertando-as perto do coração.

"Sua inocência", eu disse, "torna-a muito apropriada para este trabalho."

Ela olhou para mim com um largo sorriso e estendeu-me as flores. "Sempre fui crédula demais", ela disse. "Todo mundo ri de mim. Quando era mais jovem, chegavam a me chamar de estúpida. Sempre confiei nas pessoas; não sei por quê."

"Você confia nas pessoas, Beth, porque você confia em seu próprio coração. Você sabe o que é consideração pelos outros. Você é tão acessível. Não tem medo de descobrir coisas novas. É por isso que gosto tanto de trabalhar com você."

Descíamos em direção ao círculo de pedras sagrado seguindo um pequeno córrego que teria água corrente enquanto as chuvas conti-

113

nuassem. Uma garça branca com longas pernas, parecendo varas, estava pousada numa árvore sobre nós, uma visitante das distantes terras do norte. "Aquela garça não é diferente de você, Beth. Diga-me o que você vê naquele pássaro e em que ele se parece com você." Eu me flagrei colocando o cobertor, ou máscara xamânica, de minhas mestras espirituais e não pude deixar de me ver na dança da vida e como as coisas fazem seu círculo completo se as vemos com consciência. Beth sentou-se no perímetro do círculo sagrado. Ela levantou a mão esquerda, reverenciando os guardiões do círculo. Ela entoou seu canto de poder em tons perfeitamente melódicos. Sua voz tremulou ao vento que estava soprando do oeste, trazendo a fragrância da água do mar e da recente primavera. Sentei-me ao lado dela, mas um pouco afastada para não perturbar seus pensamentos e dar-lhe forças. Ela contemplou o pássaro por um longo tempo. A garça levantou as asas uma vez, mas considerou melhor a debandada. Ela nos olhava um pouco desconfiada, procurando assegurar-se de que não lhe faríamos mal.

Beth virou-se para mim depois de um tempo e disse: "Ela é perfeita, não é? É um verdadeiro sinal. A pequena garça mostrou-se tão parecida comigo quando tentou levantar asas, voar, exercer um ato de poder e o reconsiderou. Quantas vezes fiz isso em minha vida! Eu queria casar-me muito mais cedo, mas tinha medo de rebelar-me contra os rituais de minha família. Minha responsabilidade para com eles era enorme e eles faziam questão de reforçar esse sentimento. Eles não me deixariam ir e agora encontrei meu companheiro. Eu estou feliz, muito feliz e desejamos ter filhos, mas estou na menopausa, menopausa precoce. Como pode ser? Sinto-me como aquele pássaro na árvore, uma figura solitária, de branco, imaculado, contra os galhos estéreis. De alguma maneira, sinto que se levantar vôo, posso me perder e não estarei segura."

Ela olhou para mim, com seus lindos olhos azuis marejados de lágrimas. Estendi a mão para segurar a dela, desejando que Ruby estivesse ali para fazer algum gesto, alguma loucura, que fizesse Beth rir e a tirasse da obsessão consigo mesma. É o processo de mover-se de um estado de ser para outro que nos ilumina. Ruby tinha feito aquilo comigo em todos os anos com Agnes e eu entendia agora mais plenamente por que os xamãs atuam assim. É quase impossível para uma pessoa sozinha conseguir fazê-lo, mas pode ser feito e Agnes tinha me ensinado muito bem.

"Levante-se agora", eu disse. Ela levantou-se imediatamente, em resposta à determinação precisa em minha voz, erguendo os olhos do chão com surpresa. "Corra agora em direção à árvore agitando os braços", eu ordenei.

114

Ela obedeceu, causando um tumulto, e a garça, não querendo deixar seu galho confortável, moveu-se relutantemente para a ponta do galho e voou, grasnando e berrando seu canto de perplexidade. Beth virou-se para olhar-me. Ela mostrava perplexidade em seus próprios olhos. Eu não disse nada. Ela olhava para mim, querendo uma explicação.

"Por que você me fez espantá-la?", ela perguntou. Após vários minutos, eu respondi: "Às vezes, o medo é algo positivo", e propositadamente não lhe dei qualquer outra explicação.

Olhei para ela por mais um tempo quando o vento voltou a soprar rasteiro, agitando o capim em ondas verdes, formando um redemoinho à nossa volta e dispersando-se em seguida. Desfrutei do vento brincando conosco por alguns minutos. O vento oeste sempre foi meu forte aliado. Estendi minha mão, sentindo sua suavidade sob os dedos. Ele sempre me dizia quando tudo estava bem ou quando eu tinha que ficar atenta. Respirei profundamente, erguendo a cabeça, incapaz de impedir o sorriso que arqueava os cantos de minha boca. Podia ver-me anos atrás, na situação de Beth, tomada de perplexidade e um pouco de raiva.

"O medo é um grande motivador. Ninguém gosta de sentir medo, mas há situações em que ele nos obriga a sairmos do lugar, quando estamos empacados."

Beth pensou naquilo por um tempo. Finalmente, ela respirou profundamente, balançou a cabeça e sentou-se na grama. Sentei-me diante dela. "Você tem razão, minha mestra", ela disse. "Se eu não tivesse sentido medo, jamais teria saído da situação com minha família. Eu me mexi porque temia a perda de minha vida. Jamais teria me movido em direção ao casamento. Entendo o que você está dizendo."

"Sim, Beth, esta vida é um espelho perfeito. Entretanto, não enxergamos esses espelhos. A menopausa é outro espelho para você. Ela proporciona um espelho no qual você não pode deixar de se olhar. Está fora do seu controle, exatamente como a garça não tinha controle sobre você correr em sua direção. Não há nada que você possa fazer a respeito. Sim, você está deixando de ser fértil, talvez você não devesse ter filhos nesta encarnação, de maneira que agora você terá que dar à luz de um modo diferente, no interior de seu próprio espírito. Sua vida agora é com seu marido e com o Grande Espírito que vive dentro de você. Agora você terá que enfrentar o que realmente veio fazer aqui!"

Arranquei um talo de capim e mastiguei-o na ponta macia e adocicada, afastando meu olhar de Beth e olhando para a campina com sua própria virgindade. A área estava cercada e recercada, com pla-

115

cas de PROPRIEDADE PARTICULAR por todos os lados. A terra era propriedade de um homem que jamais ia vê-la, mas a queria como um bom investimento. Ele havia cercado a área para impedir que as pessoas entrassem nela e movessem um processo contra ele.* Ele permitia o acesso por um portão estreito, na propriedade de um amigo meu. Era por aquele portão que eu chegava à campina e a bendizia cada vez que lá chegava.

"Também esta terra se parece com sua vida, Beth, a mãe fértil, a Mãe Terra, magnífica, impossibilitada de ofertar suas dádivas a não ser para o céu, porque está cercada. Há interdições para afastar a todos, marcas de deslealdade, cercas da consciência que impediram acontecimentos, oportunidades aprisionadas. Você entende o que estou dizendo, Beth? Você muitas vezes me disse, 'Ah se eu conseguisse trabalhar com Agnes e Ruby. Se eu pudesse simplesmente conhecer a Irmandade'. Você não percebe que há mestres em todos os lugares? Há um Cão Vermelho, uma Ruby e uma Agnes em todas as partes. A beleza deste campo primaveril é Agnes e Ruby. Você poderia dizer que a cerca, em certo sentido, é Cão Vermelho, uma cerca em volta de sua consciência se você a permite. Mas você é livre para voar sobre a terra, as cercas, os vales férteis, como a garça, se você encontrar a motivação para fazê-lo. Permita-se voar. Examine profundamente o processo da menopausa, agora, e veja que ela é um espelho para a sua iluminação. Tristeza, sim, mas quero levar você a um lugar onde possamos iniciá-la no seu "sangue sábio". Você está ingressando no magistério, na fase de sabedoria anciã, muito cedo, na vida. Talvez isso signifique seu chamado. Como tantas mulheres na história recente perderam a oportunidade de iniciarem-se com A Mulher no Limiar de Dois Mundos, outras estão sendo chamadas precocemente a passarem pela experiência do sangue sábio, porque sua sabedoria é necessária. O que você acha?"

"Sabe, Lynn, é um estranho tipo de medo, e ele, às vezes, me deixa paralisada. Em vez de voar, como a garça, às vezes ele me paralisa aterrorizada naquele galho seco, numa situação que não me é favorável. Tenho medo de não ser suficientemente capaz. Não consigo me imaginar ensinando qualquer coisa." Ela olhou pensativa para o chão. Pegando uma vareta, ela começou a traçar no chão riscos, um após outro, fazendo pequenos sulcos na areia e terra úmida.

"O medo é como a dor de uma perda. Ele nos torna mais sábias, quando o permitimos. Leve sua consciência até a parte mais profunda, mais íntima de seu medo. Deite-se na grama, Beth, e feche os olhos. Respire profundamente!"

---

* Nos EUA o proprietário responde judicialmente por acidentes que ocorram a pessoas em suas terras. (N. T.)

Deixei-a relaxar por vários minutos. Olhei para o céu e, por um momento, as nuvens deixaram de agitar-se sobre nós, transformando-se em formas negras, cinzentas e com bordas douradas, remotas formas de tempestade dançando ao vento norte que surgiram, de repente, das montanhas San Bernardino, trazendo a fragrância da neve e o sabor do cedro e do pinheiro. Fechei os olhos e pensei em minhas mestras, seus rostos familiares em meu interior, sorrindo, dando-me força e estímulo.

"Quando você fala de medo, onde você sente esse medo de não poder ter filhos, na menopausa? Onde você sente tudo isso em seu corpo?"

Respirando profundamente, ela levou sua consciência até o coração. "No meu coração", ela disse, segurando as mãos fechadas sobre o peito.

"Entre com a consciência em seu coração", orientei, "retendo os pensamentos de medo, de estar paralisada, de não ser capaz de exercer seu poder. Diga-me o que você vê dentro de seu coração. Que forma assume o seu medo?"

"Vejo uma enorme pedra negra."

"Torne-se a pedra dizendo 'Eu sou'. Descreva o que você sente."

"Sou enorme e minha superfície é lisa e sou muito fria. Não consigo mover-me. Quero rolar morro abaixo, mas não consigo mover-me. Internamente estou cheia de energia e tenho os mais lindos sonhos. Quero escrever sobre eles; quero expressá-los para o mundo, mas não consigo, porque não consigo mover-me. Sou uma pedra. Preciso que alguém me mova. Preciso de alguém que me pegue e me leve para onde eu quero ir."

"Pedra, para onde você quer ir?"

"Quero subir até o topo da montanha para poder ver o mundo", Beth disse, com uma voz muito débil e distante. Ela conseguia, com muita facilidade, entrar em transe profundo, e continuei lembrando-a de respirar.

"Se você for até o topo da montanha, isso tornará as coisas melhores?"

"Sim, é claro que sim."

"Muito bem. Imagine agora que a estou erguendo; a estou levando até o topo da montanha."

"Oh!", Beth exclamou, "agora eu posso ver o mundo."

"Isso vai ajudá-la?"

Ela pensou por um longo tempo. Havia um ruído surdo de trovão atravessando o vale. Mas ainda havia uma corrente de ar quente proveniente do oeste, do mar. Às vezes, o sol desaparecia por detrás das densas e espessas nuvens tempestuosas.

"É interessante", disse Beth. "Parece que não resolve estar aqui em cima. Quero mover-me para todos os lados. Quero ir a todas as partes. Quero dar a volta ao mundo. Quero mover-me. Sinto como se não pudesse mover-me."

"Vamos tentar algo diferente", disse. "Deixe essas imagens se desvanecerem e vá mais fundo dentro de você mesma, em seu vasto universo interior."

"É um útero enorme", Beth disse quase instantaneamente. "Primeiro há uma escuridão. Estou me movendo através de um espaço infinito. Agora estou vendo a lua e as estrelas, tão lindas. Sinto como se estivesse dentro de um útero, um útero universal, de trevas."

"Essa escuridão é desagradável?", pergunto.

"Oh, não, sinto-a como se fosse veludo, quase como um casulo", ela disse, com um leve sorriso nos lábios e lágrimas rolando pelo rosto.

"O que é esta tristeza?", eu perguntei.

"Oh, não é tristeza. Sinto um alívio, como se de repente meu verdadeiro útero tivesse parido algo."

"Você pode descrever esse algo?", perguntei.

"Não entendo isso", Beth disse após alguns minutos. "Sinto-me, de repente, muito tranqüila. Não me lembro de alguma vez ter me sentido tão leve. Sinto que estou flutuando no espaço."

"Continue assim."

Deixei-a ficar flutuando por um longo tempo e, então, ela suspirou profundamente e começou a soluçar, soluços de cortar o coração. Deixei-a sozinha. Deixei-a estar nesse espaço muito privado por algum tempo. O suave vento oeste ajudava-a em seu sonho e proporcionava-lhe calor e conforto. O vento norte parecia ter ido embora. Mas percebi algo em Beth que gostaria que ela própria descobrisse. Por fim, toquei suavemente no seu braço.

"Beth, onde você está agora?"

"Estou longe, muito longe", ela respondeu. É como se não houvesse nenhum limite para mim. Sinto como se estivesse no útero e que, de alguma maneira, sou o útero e me movo sobre a terra, capaz de resolver minha situação. É como se eu pudesse ser qualquer coisa que desejasse. Não é estranho?", ela disse. "Subitamente, sinto um alívio. Como isso pode estar acontecendo? Não quero jamais sair desse espaço de paz!"

"Respire profundamente, Beth, e permita-se ir ainda mais fundo. Sinto que há ainda algum medo, alguma tensão em volta de seu plexo solar, em volta do local de sua vontade e intenção xamânicas."

Respirando profundamente, ela foi ainda mais fundo e então um verdadeiro sorriso iluminou a sua face. "Oh meu Deus, vejo algo ao longe."

"O que você vê?", perguntei.

"Vejo a figura de uma deusa. Ela é esplendorosa. Ela é radiante. Ela vem em minha direção envolta em um halo de luz." Ela prosseguiu no seu sonho, tranqüila por um tempo e, então, seu corpo começou a tremer levemente. "Oh meu Deus, oh meu Deus", ela dizia.

"O que é, Beth?"

"Sinto como se estivesse vendo o rosto da Grande Mãe. Ela está sorrindo para mim, Lynn, ela está sorrindo para mim." Lágrimas escorriam de seu rosto. "Primeiro ela era jovem, mas agora está ficando muito velha, mas ainda tão bonita. Ela está me dando algo."

"O que é?"

"Parece um osso, todo ornado com pérolas em uma ponta."

"O que você está sentindo, Beth?"

"Não falei sobre isso, mas minhas pernas têm doído à noite e acho que o osso é um osso de perna."

"Eu sei. Eu percebi. Perguntava-me quando é que você iria me contar. Pode fazer parte da menopausa, Beth. Você tem que consultar seu médico, mas a Mulher-Osso está lhe dizendo para tomar cálcio. Ela está lhe dando algo mais de presente. A Mulher-Osso recolhe os ossos por toda a história. Se você cooperar com ela, ela lhe ensinará a curar seus ossos. Seja receptiva a ela."

"Serei, Lynn. Serei. Percebo algo que nunca percebi antes. Eu sou — eu sou a Deusa. É como se eu tivesse dado à luz esse grandioso ser de luz e, ao mesmo tempo, ela me deu à luz. Compreendo o que significa a minha menopausa. Compreendo perfeitamente."

Esperei alguns minutos e, então, muito delicadamente, perguntei-lhe: "O que você compreende, Beth?".

"Percebo que sou uma mestra e que de alguma maneira há uma lição para mim com respeito aos ossos. Vejo que posso trabalhar com pessoas idosas e com a osteoporose, porque entendo-as como ninguém. Convivi com pessoas mais velhas durante toda a minha vida. Meus pais tinham cinqüenta anos quando eu nasci. Eu conheço meu poder de ação e é como se tivesse parido esse conhecimento mas, ao mesmo tempo, vejo que a Grande Mãe deu-me à luz. Somos uma só, e a mesma."

De repente, ouvimos um pássaro bater asas e eu olhei para o céu. A garça, branca como a neve, estava voando sobre nós e, dessa vez, acompanhada de outro pássaro. Ao vê-los, percebi que, obviamente, eram companheiros. Não mostraram nenhum medo de nossa presença e, novamente, pousaram numa árvore não muito distante.

Beth respirou profundamente. Disse-lhe para voltar ao seu coração e que se permitisse retornar à campina. "Tome o tempo que precisar. Permaneça na quietude e tranqüilidade até sentir-se integrada e à vontade."

119

Ela fez movimentos respiratórios longos e profundos, conforme eu lhe ensinara, e foi levando sua consciência de seu coração para o chacra da coroa no alto da cabeça, o local supremo de energia no corpo, e aos poucos começou a respirar normalmente e abriu os olhos. Sentei-me atrás dela e virei suavemente a sua cabeça para que sua primeira visão fosse dos pássaros na árvore. Ao olhar para as garças, ela prendeu a respiração, sorriu e, em seguida, balançou a cabeça e começou a dar risada.

"Estou entendendo uma coisa, Lynn. Há muitos tipos de fertilidade, muitos tipos de nascimentos e renascimentos no mundo. Compreendo o que você vem me dizendo. Acabo de vivenciar essa experiência e, portanto, seu sonho poderá tornar-se meu."

12

O ADESIVO TRANSDÉRMICO

O fim de semana chegou e eu precisava sair da cidade. Encontrei Bill no aeroporto de Phoenix e fomos de carro em direção ao norte. Fazia um calor escaldante no Arizona. Tínhamos decidido ficar com uns amigos no ermo deserto, ao norte de Scottsdale. Naquela tarde, apreciávamos os cactos *gigantes*, os pinheirais e as belas rochas cor de areia que faziam-me lembrar os altiplanos que Agnes, Ruby e eu tínhamos visitado em Montana. Estávamos sentados em grandes pedras calcárias à beira de uma fonte natural que jorrava do flanco de uma montanha. O deserto estava abaixo de nós, silencioso e ardente sob as ondas de calor. Eu estava me lambuzando com um protetor solar. Depois, passei o creme espesso nas costas de meu amigo.

"Oh não", ele disse com um sorriso travesso. "Quero ficar bronzeado. Não passe essa porcaria em mim."

"Tudo bem, Bill, mas eu preciso disso." Passei mais em mim mesma e dei o frasco a ele. Ele espremeu uma boa quantidade e começou a passá-lo em meus ombros. Logo depois, quando aquela substância à prova d'água secou, e eu não estava mais conseguindo suportar o calor de 45 graus, andei cuidadosamente sobre as raízes dos pinheiros e pedras escorregadias até a fonte de água fria.

"Importa-se se eu também entrar?", Bill perguntou, enquanto deslizava para dentro da lagoa a meu lado.

Olhei para o seu corpo forte, que um dia já foi bonito, enquanto sua barriga saliente, caindo por cima de seu calção de banho, desaparecia sob a superfície da água. Mas minha mente foi disciplinada para pensar de outro modo. Em vez de sentir desgosto pela deca-

123

dência de nossos corpos brancos, voltei minha atenção para seus lindos cabelos espessos. Percebi que ele me observava quando peguei o colchão de borracha que ele tinha trazido para nos divertirmos e tentei me acomodar elegantemente sobre ele, para poder ficar deitada de costas sobre a água ondulante. Mas não estava com sorte, o colchão escorregava sob meu corpo, para um lado ou para outro, até que, debatendo-me freneticamente, tentei colocá-lo entre minhas pernas para poder, pelo menos, montá-lo como se fosse um cavalo. Em uma das escorregadas, o colchão saltou para cima e caiu a meu lado, esparramando água. Bill começou a rir estrondosamente. Abaixei os olhos para rearranjar a parte superior do meu biquíni. Desde que comecei a tomar estrogênio meus seios cresceram a ponto de agora eu me parecer uma pomba em meu traje de banho. Bill abriu caminho para ir resgatar o colchão e segurou-o enquanto eu me esforçava para montá-lo. Estou em boa forma para a minha idade, pensei, porém minha pele não é mais a mesma.

"Por que será", perguntei a Bill, "que levei tanto tempo para ter amigos com um lago, onde eu possa nadar? É algo que tem a ver com a minha natureza pisciana, imagino, eu gostar tanto de nadar e ver os reflexos do céu sempre mudando na superfície da água parada."

"Sim", disse Bill, "eu também", em seu usual estilo lacônico.

Por vários minutos ele segurou o colchão enquanto eu flutuava com ele. Já fazia alguns anos que Bill e eu estávamos juntos, mas eu ainda ficava constrangida em usar biquíni diante dele e expor-lhe meu corpo, à luz do sol. Ufa! Meu constrangimento não era por querer ou não casar-me, ou porque estivesse tentando causar algum tipo de impressão. Era simplesmente porque eu tinha vergonha do que estava acontecendo com meu corpo, mesmo que, às vezes, tais mudanças me fascinassem. De repente, algo brilhou na água. Desviei os olhos do sol, protegendo-os, e percebi algo chato na água que refletia a luz como um disco.

O que é aquilo?, perguntei-me, olhando fixamente. Com a respiração presa, percebi o que era e passei a palma da mão no quadril, balançando o braço e o ombro, deixando-me escorregar do colchão com a cara enfiada na água. Saí atrás do pequeno disco flutuante, tentando desesperadamente pegá-lo antes que fosse visto por meu namorado.

Bill, observando-me sem entender o que estava acontecendo, perguntou: "Lynn, o que há com você?".

"Oh, nada", respondi, batendo na superfície da água com as palmas das mãos estendidas, à procura do pequeno disco que, é claro, era meu adesivo de estrogênio.

Finalmente, depois de muito procurar, virei-me e ouvi Bill perguntar: "É isso que você está procurando?". Ele segurava o pequeno disco transparente contra o sol.

"Oh, é sim, é isso", respondi.

"Bem, aqui está. Que diabo é isso, afinal? Parece estranho para se usar na água. Um novo tipo de traje de banho?" Ele riu.

"Não tem graça", eu disse saindo da água e enrolando-me numa toalha azul-turquesa, púrpura e rosa com a inscrição "Hawaiian Tropic" em grandes letras aveludadas. Esfreguei o quadril até ele ficar bem seco, peguei o adesivo, limpei cuidadosamente e colei de volta na pequena mancha vermelha no quadril.

"Nunca tinha visto isso", disse Bill. "O que você está fazendo? Você se cortou?"

"Não, é um teste de alergia que meu médico quer que eu faça."

"Teste de alergia? Ora, Lynn, você não tem alergias", disse Bill, mantendo a cabeça inclinada para um lado, com um olhar inquisitivo.

"Droga! É o adesivo de estrogênio que estou usando", admiti.

"Adesivo de estrogênio? O que é isso?", ele perguntou.

"Bem, quando se está na menopausa, às vezes tem-se que tomar estrogênio."

"Oh, interessante. Eu não sabia que existia em forma de adesivo. Achei que você o tomava em comprimidos", ele disse, desinteressando-se imediatamente.

"Bem, essa é uma nova forma de se repor estrogênio e é muito benéfica, excluindo o fato de eu ser alérgica à substância adesiva que ele contém."

"Nesse caso, vamos tirá-lo e esquecê-lo."

"Não é tão simples assim. Gostaria de poder, mas parece que é importante que eu o use", disse.

"Por quê?", ele perguntou, segurando o colchão entre os braços e flutuando com a metade do corpo dentro da água e a outra metade fora.

Naquela tarde, quando Bill e eu estávamos sentados na varanda da casa de meu amigo, contemplando o pôr-do-sol, eu tomei um gole da minha cerveja light e ergui o copo para ele.

"Saúde!", eu disse. "Pelo fim da negação."

"Vou brindar a isso", disse Bill, erguendo também seu copo de cerveja. Brindamos e tomamos um gole. "O que você quis dizer com negação?"

"Bem, aquele pequeno incidente no lago hoje..."

"Sim." Bill riu um pouco da minha reticência para abordar o assunto.

"Compreendo que hoje pensei em algum nível de reação primária, que se você visse o adesivo, deixaria de me amar."

"O quê?", ele perguntou. "Isso é completamente absurdo."

"É mesmo?", perguntei. "Sabe, você e eu jamais falamos a respeito de idade. Simplesmente prosseguimos, sem nos preocuparmos com tais coisas — funções orgânicas e coisa e tal. Mas fiquei muito surpresa comigo mesma. Fiquei completamente apavorada quando vi o adesivo transdérmico flutuando na superfície da água. Achei que era algo igual a um pequeno escudo com símbolos em toda a sua volta, dizendo Lynn já virou a curva, Lynn está perdendo terreno para mulheres mais jovens e Bill vai pegar aquele escudo, talvez não fisicamente mas, com certeza, em seu coração e sua mente e vai pensar: 'Preciso me proteger de Lynn, porque ela é velha demais para mim. Ela é velha demais para que eu continue interessado nela. Estou feliz por ter encontrado esse pequeno escudo'.

Bill olhou para mim perplexo, com o queixo caído e a boca semi-aberta. "É essa confiança que você tem por mim, Lynn? Você está falando sério? Não consigo acreditar no que você está dizendo e, aliás, você é mais jovem do que eu."

"Bem, nem eu consigo acreditar que estou dizendo isso", respondi. "Não sei como posso dizer algo que revela tanta insegurança, mas tenho que ser honesta. Falei realmente a sério. Eu senti tudo aquilo e também sinto-me ridícula ao admitir isso. E então, o que você pensa disso tudo?", perguntei, finalmente, enquanto ele me fitava num silêncio prolongado que me deixou ainda mais constrangida com o assunto.

"Você sabe, a idade não significa nada para mim, a idade cronológica, mas espero que tenhamos muitos anos juntos. Para mim, o importante é a integridade, a confiança e a honestidade. Não há nada sobre mim e minha vida com você que precise ser ocultado", ele disse.

"E, sobre a minha vida também não, salvo o que é secreto e sagrado a mim e minhas mestras. O que aprendi com você, Bill, é que posso relaxar e confiar no que é real e verdadeiro. Mas você sabe, aprendi durante toda minha vida a ocultar a idade e qualquer coisa que poderia desagradar aos homens. Aprendi isso muito cedo com meu pai. Quando eu o aborrecia, ele me batia, de maneira que ficou enraizado em mim desde a mais tenra infância e é difícil mudar isso, muito difícil."

"Eu compreendo perfeitamente", disse Bill e aproximou-se, dando-me um forte abraço.

"Obrigada por entender isso, por não ter ficado decepcionado comigo", eu disse. "Sabe, acho que é importante para as minhas irmãs deste mundo e para mim mesma aprender sobre a passagem da menopausa de uma maneira mais íntima e intensa."

"Acho que é verdade", Bill respondeu. "Minha mãe viveu uma fase muito difícil na menopausa. Em certa ocasião, ela chegou a ser hospitalizada."

"E lhe disseram por quê?", perguntei.

"Não me disseram o porquê, mas depois dessa experiência com você hoje, posso imaginar que foi uma passagem muito solitária para ela. Não me lembro de ter falado com nenhuma mulher sobre a menopausa."

"É claro que não. A maioria das mulheres prefere tomar cianureto a admitir que está na menopausa. Contudo, toda mulher passa por ela", eu disse. "Você entende o que estou dizendo, Bill? As pessoas não assumem as passagens mais significativas e importantes da vida. As meninas não falam sobre suas menstruações. As mulheres mais velhas, com certeza, não comentam sobre a menopausa porque, em certo sentido, é proibido. É algo que se oculta, que não se expõe. Mas, quando ocorrem as mudanças hormonais, há uma tremenda reação no corpo. Só o estrogênio controla trezentas ou mais funções no organismo."

"Verdade?", Bill perguntou, surpreso.

"Sim, e muito pouca pesquisa foi realizada, Bill. Fui ao meu ginecologista e ele disse: 'Bem, é uma espécie de imposição. Você poderá equilibrar seu organismo com ervas e homeopatia' — o que, incidentalmente, funcionou muito bem comigo — 'ou você poderá tratar-se com reposição de estrogênio, mas, se o fizer, poderá aumentar os riscos de câncer uterino ou de mamas. Não sabemos. Esperamos que não, mas não sabemos'. Não é incrível? Agora que chegamos à menopausa — cinqüenta milhões de mulheres vão entrar na menopausa nos próximos dez anos — há muito pouca informação sobre o que acontece."

"Puxa!", Bill exclamou, voltando a sentar-se em sua cadeira. "Imagino que seja verdade, não é? Por que será que não houve mais pesquisa?"

"Bem", eu disse, observando as listras cor-de-laranja e púrpura no céu, enquanto o sol se punha sobre o deserto. "Acho que as mulheres não exigiram, em primeiro lugar. Em segundo, fui informada de que a ciência médica não vê nenhum lucro no problema da menopausa que não seja a remoção do útero em cirurgias na maioria das vezes desnecessárias, talvez porque a mulher esteja sangrando muito. Quando entrei na menopausa eu sangrava profusamente, como ocorre com muitas mulheres, e o que meu médico fez foi equilibrar a proporção de andrógenos e hormônios. Eu sangrei quase ininterruptamente por seis meses depois de meu ginecologista ter me dado uma injeção de progesterona como contraceptivo. Levou meses para ele conseguir reequilibrar meus hormônios até eu finalmente deixar de sangrar. A maioria das mulheres, a essa altura, já teria feito uma histerectomia. Eu nem sabia que o progesterona era um hormônio. A falha foi em parte minha, porque não questionei o bastante, mas você sabe como são os médicos. Eles estão sempre muito ocupados, não querem ouvir perguntas e ficam irritados com o próprio fato de você fazer perguntas. Mas, o corpo é da gente e a vida também, e ninguém assume a responsabilidade por eles a não ser nós próprias."

"Amém", disse Bill, tomando outro gole de cerveja.

"Essa passagem da menopausa não marca apenas uma mudança no modo de você lidar com sua própria saúde, mas também tem a ver com a maneira que se encara o processo de envelhecimento", eu disse.

"É surpreendente", disse Bill.

"Os homens também têm uma menopausa masculina", eu disse.

"É mesmo?"

"Foram realizados novos estudos na Inglaterra, onde fazem implantes de testosterona logo abaixo da pele que liberam por três meses uma certa quantidade de testosterona todos os dias. Os homens cujos níveis de testosterona começam a baixar tornam-se irritáveis e tristes. A libido deles desaparece quase que totalmente. Muitos casamentos são desfeitos. Não é muito diferente do que ocorre com as mulheres quando elas se aproximam da menopausa ou da menstruação.

"Quando fiquei no hospital com minha mãe, porque ela estava morrendo, entrei precocemente na menopausa e numa menopausa violenta. Eu sentia calor e frio. A cada respiração de minha mãe, minha temperatura se alterava. Achei que ia desmaiar. Não fazia idéia de que estava na menopausa."

"Mas, com todo o seu preparo, por que você precisava que alguém lhe contasse?", Bill quis saber.

"Eu estava vivendo num estado de negação com a morte de minha mãe. Eu me recusava a compreender ou respeitar minha própria realidade. Portanto, se você se vir mudando constantemente de humor, com a libido em baixa e desinteressado em sexo, em vez de culpar sua parceira" — sorri e dei-lhe um cutucão com o cotovelo — "você deve providenciar um exame de sangue para verificar seus níveis de testosterona."

"Acho que é uma boa idéia", ele disse, esticando-se para me dar um beijo no rosto. "Mas, por enquanto parece que isso não é problema", ele disse sorrindo.

Em silêncio nos viramos para contemplar o sol dourado se pondo atrás das montanhas do deserto. Faixas cinzentas e nuvens cinzentas moviam-se no céu. Era um lindo entardecer, de paz, tranqüilo e sereno. Respirei profundamente e dei graças por meus amigos e pelas pessoas maravilhosas de minha vida, pelas quais tenho muita consideração. O sol precipitou-se no horizonte, tornando-se mais intensamente dourado a cada momento. Subitamente, quando ele desapareceu atrás das montanhas dentadas da serra ao longe, o horizonte ficou iluminado por uma orla intensa de luz surreal parecida com a forte sensação da passagem do tempo que eu sentia no fundo de meu coração.

DANÇANDO O FOGO

VIVENDO COM A MENOPAUSA

A Mulher no Limiar de Dois Mundos sentou-se a meu lado, emitindo faíscas de pura energia com os olhos.

"Você está diante da segunda metade de sua vida. Seu sangue é sábio e você é dona de seu poder. Dance o fogo agora, irmã. Celebre o que você se tornou."

13

CONFORTANDO O ESPÍRITO

O avião em que fazia minha curta viagem de volta a Los Angeles atravessou uma tempestade sobre o Arizona. Relâmpagos cortavam o céu e o avião saltava aos trancos e mergulhava através das nuvens. Era um vôo alarmante, todos presos aos assentos com os cintos, com os nós dos dedos brancos e trêmulos de tanto agarrar com as mãos os braços das poltronas. Após meia hora de tempestade, o piloto fez o avião subir acima das nuvens, atravessando camadas orladas de luz dourada e vergalhões de nuvens negras agitadas e tumultuosas, deixando-as abaixo de nós. Voávamos através do céu azul do início da tarde como se nada tivesse acontecido. Tão de repente quanto a tempestade tinha se precipitado sobre nós, estávamos fora dela, do outro lado, placidamente nos dirigindo para Los Angeles com um vento de popa.

Recostei-me na poltrona e respirei profundamente. Durante toda a minha vida tinha repelido os enjôos provocados pelas viagens de navio e avião. Tomei mais dois comprimidos de gengibre. Agnes tinha me dito há muito tempo que o gengibre acalma o estômago, e é verdade. Senti o assento em minhas costas e o seu suporte embaixo de mim. Eu estava novamente segura e ri para mim mesma ao pensar em como tudo na vida parecia simbolizar minha iniciação com A Mulher no Limiar de Dois Mundos. Que passagem!, disse a mim mesma. Pensei que, de fato, é como atravessar uma tempestade de avião. Você não sabe se vai chegar ao outro lado e não sabe exatamente quando entrou nela, mas, de repente a viagem fica conturbada e os trovões da agitação e confusão sacodem o espírito. E agora, subitamente, já do outro lado, você está num lindo dia e parece que tudo não passou de um sonho ruim. Pensei na imagem de Gêmeas Sonhadoras que, com seu extraordinário senso de humor, coloca-me em contato com minha própria verdade. Lembro-me de ela dar batidinhas na barriga. Revi, em minha memória, o corpo de Buda e meus ensinamentos no Nepal, com Ani. Suspirei novamente e pensei em como todos os ensinamentos se parecem, seja você budista, hinduísta, indígena ou irlandês. As verdades do espírito são, na realidade, únicas. Às vezes, elas são voltadas para o coração e aplicam-se melhor às emoções; outras vezes, são mais aplicáveis à mente. No mundo ocidental, porque falamos uma língua mais pragmática, o inglês, temos uma sociedade que se desenvolveu a partir da língua que falamos. Ela tende a ser materialista e muito pouco de nossa vida parece ser utilizada na busca espiritual e no conforto da alma.

Eu havia decidido, antes de me despedir de Agnes na última vez, que voltaria para casa, confortaria meu corpo e, conseqüentemente, meu espírito. Apesar de estar me sentindo maravilhosamente bem e plena de energia e entusiasmo pelo que eu realmente via como uma nova perspectiva em minha vida, sabia que meu corpo e espírito juntos estavam precisando de mais conforto. Decidi pintar meu quarto de outra cor, para iluminá-lo, usando o amarelo com toques de rosado e alfazema. Plantaria novas flores em meu jardim, com cores primaveris — brincos-de-princesa e primaveras vermelhas e rosas, e margaridas amarelas, em nome da esperança. O amarelo, para mim, sempre representou a esperança e a força de vontade.

Recostei-me na poltrona e reclinei o assento. Fechando os olhos, realizei uma prática que Agnes me ensinou logo no início, que, com certeza, tem sido praticada através dos séculos por todas as pessoas que têm alguma familiaridade com as atividades da mente. Visualizei, como faço freqüentemente quando vou para a cama à noite, as coisas que faria no dia seguinte, e o que realizaria. Isso me ajuda muito a sair do estado de confusão e caos no qual minhas emoções me colocam com muita freqüência.

Em minha visão mental, vi meu quarto e imaginei-me tirando os lençóis da cama e colocando outros, de cor lilás, macios e suaves. Tenho o sentido do tato muito aguçado, de maneira que decidi que compraria uma manta que não fosse de lã, mas de fibras muito macias e suaves para os meus dedos. Como não uso máquina de escrever nem computador, gosto de estirar-me na cama e escrever à mão. Fico muito tempo na cama escrevendo meus livros. Em vez de enfiarme entre os lençóis, cubro-me com uma manta. Quero que ela seja macia e confortável. Decidi usar algumas das ervas sagradas que a Irmandade havia me dado com lavanda e sal marinho. Talvez eu construísse também uma urna muito bonita junto da banheira, para que, quando eu tomasse meus banhos e limpasse meu campo energético de íons positivos, eu pudesse usá-la. Faria um pequeno ritual ao usar o sal marinho e as flores medicinais. Achei que seria maravilhoso proporcionar isso às minhas irmãs, compartilhar com elas o ritual que eu tão bem havia aprendido com Agnes e Ruby. Imaginei-me enchendo a banheira com água quente, diminuindo a iluminação do banheiro, acendendo uma vela branca, abrindo a janela ao lado da banheira, ouvindo os pássaros e proporcionando-me uma meia hora pela manhã apenas para desfrutar do banho. Desligaria o telefone e mergulharia na natureza e nos espíritos de minha casa e do jardim que vinha cultivando há tantos anos.

Subitamente, percebi que os espíritos em volta de minha casa estavam tentando confortar-me, mas que eu, por estar muito ocupada, apressada, sempre sentindo a premência de terminar isto ou aquilo, jamais tinha me dado tempo para confortar meu próprio espírito. Portanto, predisse a mim mesma um novo modo de vida e me vi deitada na banheira, confortável, feliz, sentindo o perfume de lavanda emanando da água. Em seguida, decidi adquirir novas toalhas, felpudas e macias, apenas duas ou três toalhas de banho e de rosto com novas cores. Eu iria às compras para encontrar algo que me agradasse, não para decorar o banheiro, mas que agradasse a mim e aos meus sentidos. Pensei, com um longo suspiro, que merecia isso; todas as mulheres merecem isso, especialmente nessa fase da vida. A saúde espiritual não está separada da saúde física.

Ao nos aproximarmos de Los Angeles, percebi que já estava ficando escuro. Estávamos voando em direção ao pôr-do-sol. Era como um longo crepúsculo, o sol ficando cada vez mais alaranjado no horizonte à medida que se punha lentamente. Lá longe eu podia ver uma barreira de névoa esfumaçada e sabia que devíamos estar perto de Los Angeles. Que pena, pensei, a cidade dos anjos, uma cidade magnífica — como nós, enquanto seres humanos, que não compreendem, não se preocupam, não se dão tempo para a consciência, acabamos destruindo uma linda cidade, deixando-a sem beleza, sem nem mesmo uma corrente de energia humana. De certa maneira era um lugar desumano para se viver mas, ainda assim, era a minha cidade.

Então, vi, mentalmente, a face de Agnes, sorrindo, como ela havia feito há bem pouco tempo, quanto tínhamos estado sentadas sobre um toro na pastagem dos cavalos perto de sua cabana. "Se você é um ser sagrado", ela dissera, "não importa o que faça ou onde viva. O que importa é como você vive, porque a sacralidade faz parte do equilíbrio. Se você conseguir, Lynn, viver em Los Angeles e manter o equilíbrio e a pureza de espírito, poderá viver em qualquer lugar. É muito mais fácil viver protegido num mosteiro no

Himalaia e permanecer espiritualmente equilibrado. É muito difícil manter um pé na manifestação física de uma cidade caótica e o outro, firmemente plantado no reino do espírito saudável. Essa é uma das razões pela qual a enviei para lá'', ela havia dito, riscando símbolos na terra com uma longa vara. "Enviei-a lá porque são as pessoas das cidades que precisam curar-se. São os habitantes das cidades que primeiro perdem suas almas, porém são eles também que tomam as decisões para o resto da sociedade. É deles o rosto que você vê na televisão todas as noites e que as pessoas tendem a acreditar, mesmo que tenham perdido a alma há muito tempo. Portanto, é nas cidades que você precisa trabalhar.''

Sua face desapareceu de minha tela interior. Quando me dei conta, já estávamos aterrissando em Los Angeles. Senti o impacto das rodas tocando o chão da pista e alguns solavancos. Sentia-me mais forte e melhor do que nunca e ansiava por trabalhar com minhas aprendizes. Ansiava pelo ritual de iniciação que realizaríamos juntas no deserto da Califórnia.

14

MARY

Na manhã seguinte eu estava com Mary, minha aprendiz há muitos anos. Sabia que ela sempre temeu a menopausa. Estávamos sentadas juntas num círculo de pedras na colina atrás de minha casa em Los Angeles. A grama perto do círculo estava amassada, em leitos côncavos, por uma família de veados de cauda branca que lá havia dormido na noite anterior. Passei o bastão da fala para Mary. Eu e Agnes o havíamos usado durante anos ao longo de nosso processo de ensinamento e aprendizagem. Era uma vara de choupo, ornada, de cerca de sessenta centímetros de comprimento, com muitas contas e penas penduradas. Certos símbolos pintados em um lado dela representavam o poder da mulher, o poder do sonho sagrado. Mary segurava o bastão, sentada no chão, de pernas cruzadas. Seu semblante parecia distante, com os olhos abaixados.

"Estou me sentindo como se me tivessem puxado o tapete", disse por fim. "Sou a mesma pessoa que dá duro na vida, como psicoterapeuta, para manter tudo integrado e, de repente, meu próprio corpo parece estar atuando contra mim. Não tenho nenhum controle sobre o que está acontecendo comigo. Com tudo o que sei sobre a mente, parece que não sei nada sobre o meu corpo. Tive a mesma sensação quando dei à luz minha filha. De repente, meu corpo estava parindo aquele bebê dois meses antes do tempo e, quisesse ou não, aquilo era um fato. De maneira semelhante, sinto-me em pânico e fora de controle. Quando minha menstruação começou a vir com um sangramento muito forte, há cerca de um ano, fiquei assustada. Não sabia o que estava acontecendo comigo. Meu médico disse que havia algo de errado, talvez estresse. Agora, parei de menstruar e sinto falta de minha visitante mensal. Sinto falta da purificação e da garantia de que ainda sou fértil."

Ela passou o bastão de volta para mim, querente obviamente a minha resposta.

"É difícil, Mary, quando sentimos que as coisas estão fora do controle. Mas, se você sentir-se fora de controle, talvez signifique que haja um problema relativo à confiança. Quem sabe você esteja precisando voltar às idéias sobre a origem e os primórdios da vida e o Grande Espírito que anima."

Passei o bastão de volta. Ela ficou pensativa por um longo tempo, passando os dedos pela textura da borda polida da madeira entre os círculos de contas. "É medo, Lynn. Acordo pela manhã e antes mesmo de pensar, já estou tomada pelo pânico. É como se eu estivesse diante de um abismo sem saber o que fazer." Lágrimas rolaram pelo seu rosto. "Sinto-me tão fragmentada! Perdi terreno, como se o cerne de minha vida estivesse sendo aos poucos tirado de mim."

"Cerne?", perguntei.

"Sim, aquele lugar dentro de mim onde sempre senti minha força. Suponho que tenha a ver com meus sentimentos com respeito à sexualidade."

"Isso é tão importante para você?"

"Sim, é parte da minha identidade. Detesto ter que admitir isso, mas sempre fui sexy e gosto do poder de ser bonita e atraente. Agora, sinto-me como se estivesse perdendo meu poder e tenho medo. Não sei mais quem sou."

"Mas, Mary, a menopausa não altera a sua beleza."

"A menopausa significa que já virei a curva. Não quero ser chamada de velha. Quero ser sexy e jovem. Isso é tão terrível?" Mary começou a soluçar descontroladamente em meus braços feito uma criança aterrorizada. Depois de um tempo se recompôs.

"Talvez ajudaria pensar em seu Deus, o Grande Espírito. Pense na força vital que sempre esteve à sua disposição. Não esteve? Você pode encontrar esse espaço de confiança?"

Ela pegou o bastão e sua face iluminou-se um pouco. "Sim, Lynn." Ela respirou profundamente e assoou o nariz.

"Sinta o seu centro, Mary."

Ela colocou o bastão no chão. "Preciso ter uma conversa com você. Podemos fazer isso?"

"É claro, mas antes feche os olhos, Mary, e respire profundamente." Seus músculos estavam visivelmente tensos. "Agora, onde você sente o centro em seu corpo?"

"Em minha cabeça", ela mal sussurrou.

142

"Vamos fazer um exercício que aprendi com Shakkai, a Mulher do Jardim Sagrado. Levante-se e centre-se novamente, respirando profundamente. Estenda os braços com toda a sua força... Continua centrada na cabeça?"

"Sim", ela respondeu.

"Resista à minha pressão em seu braço", ordenei. Pressionei então seu braço, empurrando-o para baixo. A tensão começou a enfraquecer e o braço cedeu facilmente.

"Quero que você se lembre da sensação de fraqueza que acabou de ter. Agora, Mary, curve um pouco as pernas e, mantendo os olhos fechados, leve sua consciência, da sua cabeça para o centro xamânico na região do umbigo. Permaneça ali intensamente por um momento, respirando profundamente e mantendo a consciência nessa região de seu ventre. Em seguida, quero que você visualize luz dourada emanando desse centro e subindo através de seu corpo e de seus membros, descendo pelas pernas e braços — uma linda luz radiante. Quero que você relaxe os músculos tanto quanto puder. Respire profundamente de novo. Agora, quero que você levante o braço, sem tensioná-lo, e com o cotovelo levemente dobrado, pense no seu braço como estando imóvel. Mantenha a consciência ao redor do umbigo."

Aproximei-me para tentar dobrar seu braço e empurrá-lo para baixo. Ele estava tão rijo como um grande galho de árvore. Não havia jeito de fazê-lo mover-se. Mary abriu os olhos, pasma pela sensação de sua própria força.

"Veja. O que você acabou de fazer é muito simples. Você mudou o foco da mente para o centro de poder em seu interior. Você se uniu ao universo todo, à força da terra que lhe proporciona a vida. Você compreende isso?"

"Sim, compreendo", Mary respondeu. "Vivenciei uma verdadeira mudança de minha força."

"Os praticantes de artes marciais conhecem o *chi*. É de onde flui suas habilidades e força. Ela provém da capacidade de eles centrarem suas energias de determinada maneira. Agora, sente-se novamente, Mary, e continue mantendo sua consciência nessa área do corpo, quero que você pense no Grande Espírito e em sua vida. Pense em seu marido, no quanto você o ama, nas dificuldades que tem. Onde está o seu centro agora, Mary?"

"Ele voltou para a minha cabeça", ela disse.

"Você percebe como retornou ao medo e perdeu seu poder?"

"Sim."

"Muito bem. Leve sua consciência de volta para o centro xamânico e pense novamente em seu marido e nos problemas que você tem. Permaneça sempre consciente na periferia da sua visão mental, na visão que é de fato seu corpo-mente. Continue vendo o fluxo de luz dourada percorrendo seus membros e todo o seu corpo, renovando-a de força e poder."

Mary respirou profundamente. Ela começou a respirar com mais facilidade. Percebi que seus músculos começavam a relaxar. Ela parou de contrair os dedos e seus músculos faciais afrouxaram-se.

"Agora que sua consciência está onde deveria estar, Mary, faleme de seu medo."

Passaram-se muitos minutos. Um sorriso perpassou suavemente seu rosto. "Lynn, é muito interessante. Quando penso a partir de meu centro de poder no ventre, subitamente meu medo parece desaparecer."

"Você entende por quê?", perguntei.

"Não, não tenho certeza", ela respondeu.

"Bem, pense nisso. Quando você levar sua mente para seu centro de poder, talvez recupere sua confiança. Você a recupera, acho, por várias razões — em parte, porque é seu centro de poder e você não está mais perdida na cabeça. Pelo que aprendi, o cérebro é parte do ego. O ego está sempre em conflito e com medo, porque ele está sempre tentando defender-se. Quando você leva sua consciência para o seu centro xamânico, você está realizando, sobretudo, um ato de confiança. Então, com a força renovada que você sente, começa a entender, quase a nível inconsciente, que você tem capacidade de controle, sobre como sente e age. A defesa de si mesma significa que você tem capacidade de lutar por sua própria verdade, que você representa algo, que sabe, sem qualquer sombra de dúvida, que a força vital é parte de você e jamais pode ser separada, porque você é ela. Você é a força vital. Se o corpo cai morto, a força vital continua existindo. Você continua existindo. Portanto, você começa a perceber o fato de que é constituída de poder. Você testemunha o fato de que, mesmo ocorrendo a menopausa, trata-se do corpo mudando e prosseguindo em um processo vital, e seu espírito pode presenciar todo o drama de uma posição de equanimidade."

Mary enrijeceu-se de novo. "Mas eu não gosto do processso da morte. Não quero perder meu pai. Não quero perder minha família nesse processo."

Percebi que Mary estava ficando de novo tensa e voltando a centrar-se na cabeça. Após vários minutos, eu disse calmamente: "Feche os olhos e imagine um rio correndo numa região montanhosa. Imagine os belos altiplanos ao norte do Novo México e montanhas com picos cobertos de neve. É primavera. As flores vicejam nos campos à sua volta. Observe o rio descendo das montanhas, a água refletindo o brilho radiante do sol. Você está caminhando à margem do rio, colhendo flores silvestres para levar para sua filha, e inspira o ar primaveril, o cheiro da neve do norte no vento. Você acha a paisagem maravilhosa?''.

"Oh, sim", disse Mary, "é maravilhosa. Adoro olhar para a água."

"O que é que você gosta de ver na água?"

Ela pensou por alguns minutos. "Bem, gosto da maneira como ela reflete a luz do céu e as nuvens e gosto de seu movimento incessante. Há uma campina para onde vou em Montana que fica no sopé das montanhas e sei que a água está sempre correndo ali. Traz sensação de alegria e segurança saber que, em certo sentido, a água do rio sempre corre."

"Oh, verdade?", perguntei. "Há algo em você que gostaria de parar o fluxo daquele rio?"

Ela pensou por um tempo. "Não, Lynn, não consigo imaginar isso."

"Você não acha que a vida flui da mesma maneira, em um fluxo e um refluxo de vida e força vital, como as marés na praia, e que a força vital flui sempre através de nós e por toda a nossa existência? Na realidade não somos separados. Somos todos um único todo, você e eu, exatamente como as gotas na água corrente descendo das montanhas. Cada gota é parte do todo maior. O rio e a corrente continuarão para sempre. A água vai acabar chegando ao mar. Em seguida, ela vai evaporar formando nuvens e, de novo, haverá chuva e neve e todo o processo recomeçará."

Mary curvou-se um pouco, com o bastão diante dela. Ela o pegou e acariciou as contas com os dedos como que em busca de segurança, algo que fosse estável e real. "Jamais pensei nisso dessa maneira. Talvez seja verdade. É uma espécie de confiança, não é, Lynn? Como você diz, é a certeza de que a água vai correr para sempre. É a confiança de que, quando vou dormir à noite, acordarei pela manhã. Provavelmente, é por isso que muitas pessoas não dormem bem, não é?"

"É verdade. É a falta de confiança — no que elas são, confiança nas próprias verdades —, sua própria confiança no significado mais profundo da vida."

Ela respirou profundamente. "Ajuda-me imaginar a vida fluindo como aquele maravilhoso rio às margens do qual adoro sentar no verão. Acalma-me e dá muita força. Talvez eu possa começar a ver a vida de uma perspectiva diferente. Talvez agora eu possa ver a menopausa de maneira um pouco diferente."

"Mary, não exija demais de você mesma. Não é que você possa mudar seus sentimentos da noite para o dia, mas é verdade que perdemos a noção do motivo por que estamos aqui. De fato, chegamos neste planeta para nos iluminarmos, entretanto, essa é a coisa que mais tememos. De algum modo, iluminação implica mudanças. Isso é verdade. E ficamos apavorados com mudanças. Quando estamos diante de algo novo, algo que nos obriga a mudar para vermos mais claramente, temos medo de prosseguir. A menopausa é um grande espelho e um enorme portal. O espelho consiste na apropriação do que criamos na vida, na avaliação de quem é Mary nesta altura da vida. Parte da ponte entre quem você foi e a nova mulher que está se tornando é construída pela gratidão de continuar aqui, gratidão por tudo o que aprendeu. O portal implica olhar para uma outra direção, a direção do espírito, da sacralidade, em atravessar o limiar com uma nova capacidade de expressão, um novo contato e relacionamento com seu desejo sagrado. Todas essas transições serão simbolizadas em nosso ritual com A Mulher no Limiar de Dois Mundos."

Mary pegou o bastão. Ela o colocou diante de seu terceiro olho e o baixou até o colo. "Você sabe, Lynn, sempre achei que cuidariam de mim. Quando decidi ter um projeto de vida, quando passei pelo processo de educar-me para tornar-me psicóloga, eu confiava que tinha a força necessária para isso, não tinha?"

"Sim, é verdade, e foi um enorme esforço."

"Sim, e aquele esforço era muito mais fácil porque eu acreditava que poderia conseguir o que quer que decidisse fazer. Parece-me tão estranho hoje que, de repente, eu seja tomada pelo medo simplesmente por estar na menopausa, mas é verdade. Estamos aqui sentadas juntas nessa prática e eu me sinto melhor. Mas sinto minha consciência voltando para minha cabeça e fico aturdida. É como se minha consciência estivesse à procura de algo com que se perturbar. Se resolvo um medo, procuro outro e não consigo parar. Continuo em estado de conflito."

"Mary, retorne à sua infância por um momento. Feche os olhos e recorde-se como era o ambiente predominante em sua casa. Como ele era? O que você sentia?"

"Bem, tensão", ela disse por fim. "Sempre havia tensão, medo de fazer alguma coisa errada e alguém se irritar comigo, que eu não era boa o suficiente para ser ouvida. Havia sempre conflito."

"E conflito", eu prossegui, "era algo que, você aprendeu, estava diretamente relacionado com a sua sobrevivência."

"O que você quer dizer?", Mary perguntou. Ela passou a mão pelos longos cabelos que caíam sobre os seios.

"Quero dizer que você sobreviveu como criança, certo?"

"Sim, certo."

"E nessa sobrevivência também havia um bocado de conflito, certo?"

"Sim", ela disse.

"Bem, não consigo imaginar sua mente sendo diferente."

"Não entendo", ela disse.

"Você sobreviveu mesmo havendo muito conflito em sua vida. Portanto, tenho certeza de que, em algum lugar de sua consciência, você sente que para sobreviver precisa estar em conflito."

"Oh", ela exclamou e pensou naquilo por um tempo. "Sim, talvez você esteja certa."

"Portanto, é possível que sua mente esteja à procura de algo com que estar em conflito, já que aprendeu pelo seu próprio condicionamento que é preciso que haja algum tipo de tensão e conflito para sobreviver. Precisamos mudar isso. Temos de ensiná-la que isso não serve mais e que, na verdade, o conflito bloqueia o seu desenvolvimento. Não é assim?"

"Sim, ele prejudica a minha saúde, e obstrui minha capacidade de produzir no mundo."

"E, provavelmente, Mary, o conflito está fazendo com que você tenha tensões com respeito à menopausa, por estar assustada e achar que precisa colocar em ação seus mecanismos de sobrevivência. Veja, Mary, como parece com aquele seu carro maluco. Você liga o alarme, nós vamos almoçar e o alarme dispara sem que haja ninguém perto do carro. Certo?"

Ela riu. "Você quer dizer que estou constantemente em estado de alerta?"

"Exatamente, embora não precise. É como se você fosse um superalarme. É um sistema de alarme que dispara se entrar um ladrão, mas não há nenhum ladrão. Não há ninguém aqui para roubar nada de você."

"Oh, mas há sim", disse Mary. "Minha fertilidade, minha sexualidade, está sendo roubada de mim."

"De verdade? Lembre-se da corrente do rio e veja que sua sexualidade não mudou. Pense na corrente do rio", reiterei.

"Você tem razão". De repente, o rosto de Mary resplandeceu. "Você sabe de uma coisa? Em certo sentido, é um grande presente, a menopausa. Não tenho mais que lidar com todas aquelas coisas que tinha que fazer relacionadas com a menstruação. Ao menos vou conseguir relaxar com respeito a isso!"

"Com certeza."

"E isso em si mesmo é um enorme alívio." Finalmente, o corpo todo de Mary relaxou. Lágrimas de alívio transbordaram de seus olhos.

147

Acendi um incenso no vaso pessoal de Mary, um vaso da deusa, presente de uma professora na Grécia, e falei com ele, espalhando a fumaça aos poderes das quatro direções, reverenciando o Grande Espírito, conforme a Irmandade tinha me ensinado, a grande Mãe Terra e as guardiãs do vaso.

"Grande Espírito", eu disse, "Mãe Terra, grandes mães que nos protegem e nos dão a vida, ouçam-me agora. Esta é uma oração por minha irmã Mary. É uma oração pela totalidade, para que ela consiga criar unidade, poder e discernimento em sua vida. É uma prece por sua menopausa. É uma prece à Mulher no Limiar de Dois Mundos, para que ela ouça minha irmã Mary e ajude-a nessa travessia do limiar da Mulher em Transformação. Ela é uma mulher em transição. Ela é uma mulher transformando-se no esplendor da vida plena. Não se trata de uma concessão de força vital, mas da aquisição de compreensão, sabedoria e nova força de vida. Ajude-a a compreender, grande deusa, as dificuldades ao longo de sua jornada. Ajude-a a ingressar em seu caminho agora, a viver numa posição de poder. Ajude-a a permanecer forte. Grande Espírito, Grande Mãe, eu os louvo e envio orações de gratidão. Eu prossigo sob sua graça por todos os dias de minha vida."

Virei o vaso da deusa de Mary para as quatro direções e ergui-o para o céu. Ofereci minhas orações à Mulher no Limiar de Dois Mundos e entreguei o vaso da deusa a Mary. Ela o envolveu com sua mistura preferida de ervas, colhidas na ilha de Corfu, e, voltando o vaso para as quatro direções, pegou uma pitada de ervas e ofereceu-a à Mulher no Limiar de Dois Mundos.

"Grande Deusa", ela disse, "Grande Espírito, Mãe Terra, meus animais tutelares, meus ancestrais e todos que me amam, ouçam-me agora. Agradeço-lhes por esta cerimônia. Dou-lhes graças pelas sagradas mestras humanas. Dou-lhes graças por minha vida. Agradeço-lhes por me proporcionarem a coragem para enxergar mais nitidamente. Graças, ó Grande Espírito, por tudo o que me foi dado."

Mary ergueu o vaso da deusa para a Lua, dizendo: "Em celebração de minha verdade e consciência femininas no mundo". Ela colocou o vaso de volta no saco feito especialmente para guardá-lo, bordado com símbolos gregos em fios azuis-escuros.

15

A MULHER-OSSO: A PROTETORA DOS OSSOS

Naquela noite sonhei que Agnes, Ruby e a Irmandade toda estavam reunidas perto da cabana de Agnes para a realização de um novo ritual sagrado, pois algo tinha acontecido com as famílias de algumas mulheres sul-americanas. Era muito importante que nos reuníssemos em círculo e fizéssemos uma cerimônia para enviar-lhes forças. Tinha a ver com algumas mulheres das florestas tropicais, cujas terras e modo de vida estavam sendo ameaçados.

Em meu trabalho com a Irmandade ao longo de todos esses anos aprendi que, em certo sentido, não existe um contínuo espaço-tempo quando se sai do corpo. Podem-se enviar mensagens através de sonhos e recebê-las também através dos sonhos. As mensagens podem ser transmitidas de um continente para outro. Os xamãs sempre atuaram dessa maneira através da história. Por exemplo, quando se examinam os maias encontra-se um saber semelhante ao dos taoístas da Ásia. Creio que os xamãs vêm se comunicando por toda a história humana em níveis superiores de consciência. É assim que, pela minha experiência, temos podido atuar como xamãs e entendermos uns aos outros. Quando vou para a Austrália aborígene, sento-me com os xamãs de lá e não precisamos falar a mesma língua. Nos entendemos instantaneamente. Através dos olhares, dos nossos campos energéticos. A fonte do poder é sempre a mesma. Ela provém da anterioridade da mulher, da nossa Grande Mãe Terra, a mãe primordial.

Quando despertei naquela manhã, cancelei os compromissos e as coisas que ia fazer, tomei um avião e rumei ao encontro de Agnes e das outras mulheres da Irmandade dos Escudos. Fizemos um ritual e orei pela cura da Mãe Terra. Trabalhamos através dos vetores energéticos e realizamos nosso trabalho da mesma maneira como é realizado há séculos nesta grande escola que chamamos Mãe Terra.

Após dois dias e duas noites de cerimônia, saí com Agnes para conversarmos e trabalharmos. Andamos sob as estrelas e encontramos uma floresta de faias perto do rio que tínhamos visitado no passado, quando eu estava escrevendo *Star Woman*. Ruby veio juntar-se a nós no dia seguinte, rimos e passamos um tempo com July. Naquela manhã, em particular, antes de o sol nascer, Ruby e July saíram para pescar, algo que ambas adoravam fazer. Eu e Agnes fomos realizar o ritual do alvorecer e orar juntas.

Nós estávamos sentadas, contemplando o sol surgir por detrás de um grande amontoado de rochas perto do *canyon* onde tínhamos realizado uma cerimônia com guizos celestiais anos antes, quando conhecera Agnes e Ruby. O sol apareceu no Leste e oramos juntas em silêncio. Finalmente, Agnes, a face profundamente queimada de sol e emoldurada por suas longas tranças grisalhas bem esticadas e amarradas com fitas, quebrou o silêncio, observando-me com os olhos como uma ave de rapina à procura de alimento. Seu olhar intenso me fez ficar imediatamente ansiosa. Ela perscrutou-me por algum tempo como se o seu mal-estar a agradasse.

"Como está se sentindo?", ela perguntou.

Por um instante, não soube como responder e simplesmente disse-lhe a verdade. "Sinto-me intimidada, Agnes. Por que você está me olhando dessa maneira? Fiz algo de errado?"

"Por que você supõe que, por eu a estar olhando atentamente, tenha feito algo de errado?" Sua voz e expressão eram quase condescendentes. Eu fiquei surpresa, esforçando-me para manter-me centrada com minha mestra.

"Bem", eu não sabia bem o que dizer. "Sinto que fiz algo errado."

"É mesmo?", Agnes disse. "Você comete erros freqüentemente?"

"Bem, não. Talvez, às vezes sim."

"Você não me parece uma mulher de poder", disse Agnes de maneira ainda mais condescendente.

"Acho que você não está sendo muito amável", eu disse.

"Bem", disse Agnes dando de ombros, afastando os olhos dos meus por um momento e olhando para o céu, que agora enchia-se da luz laranja-dourada do sol nascente. "Preciso ser amável o tempo todo?", ela perguntou.

"Não, suponho que não. Simplesmente esperava que você fosse", disse, tentando rir para quebrar a atmosfera pesada que tinha nos envolvido, mas Agnes não riu, o que me fez sentir ainda mais desconfortável. Ela postou-se numa posição de poder e força animal, seus olhos penetrando nos meus, como se estivesse prestes a se lançar sobre sua presa, ou seu café da manhã, e dilacerá-los. "Olhe, Agnes, você está me deixando realmente constrangida. Gostaria que parasse com isso", eu disse, levantando um pouco a voz. Eu não tinha a menor idéia do que ela estava fazendo, mas não estava gostando. "Oh", disse ela, "você quer brigar? É isso o que você está querendo?"

Balancei a cabeça, fechei os olhos e relembrei os acontecimentos da manhã, perguntando-me o que a havia irritado, mas não me ocorreu nada. "Olhe, Agnes, talvez eu me encontre num beco sem saída ou coisa semelhante. Não sei o que fiz de errado. É óbvio que a desagradei. Por que não me diz simplesmente o que foi?"

"Por que você supõe, só porque estou assumindo essa postura, que você fez algo de errado?"

Pensei naquilo por muitos minutos e, ao olhar para ela, ficou claro.

"Eu não fiz nada de errado, não é? Você está tentando me provocar. Sempre que você tenta me provocar, eu suponho que estou errada."

"Certo, Lynn. Você está entregando seu poder a mim. Por que você faz isso? Por que as mulheres fazem isso? Em todo o mundo nós, como mulheres, renunciamos ao nosso poder, em geral diante da autoridade."

"É verdade", respondi. "Quando trabalhava dentro do sistema patriarcal, como corretora da bolsa de valores, por exemplo, meus chefes eram todos homens e, sempre que alguma coisa acontecia, eu pedia desculpas. Você tem razão, Agnes. Você está certa e detesto ter que admiti-lo, porque você realmente me fez cometer um lapso. Mas eles sempre vinham despejar suas frustrações em mim, porque parecia que eu era a única mulher presente..."

"Não, permita-me fazer uma correção aqui", disse Agnes. "Você não era apenas a única mulher presente; você era o único ser frágil presente. É algo que você pode observar na natureza; quando os animais dominam as planícies e grandes florestas do mundo, a sobrevivência dos mais aptos é uma das coisas mais importantes. Quando o lobo sai para caçar um caribu, por exemplo, ele observa o bando por algum tempo, à procura dos mais fracos. Não é apenas porque ele sabe instintivamente que vai ser uma presa fácil. Isso também faz parte desse grande processo chamado vida. É o processo de sobrevivência dos mais aptos. Os caribus fracos precisam ser eliminados para que os fortes se acasalem e procriem, ainda mais fortes, para que a espécie possa sobreviver. O lobo observa a sua presa e então morde-a nos calcanhares para que sangre um pouco. Ele pode seguir o bando por uma semana, observando-o para verificar se aquele caribu continua sendo o mais fraco. Se descobre que aquele é, de fato, o mais fraco, ele finalmente o ataca e mata. Talvez isso pareça difícil, mas quando você pensa do ponto de vista mais amplo da sobrevivência da espécie, se no bando de caribus acasalarem-se os mais fracos com os mais fracos, eles todos se extinguirão nas próximas gerações.

"Entre as pessoas, passamos a negar nosso lado instintivo. Muito freqüentemente, não o reconhecemos quando ele se manifesta, mas tendemos, enquanto espécie, a saltar no pescoço dos mais fracos. Acho que boa parte disso resulta não só do condicionamento social e do desejo de competir e vencer, ganhar mais dinheiro, ser mais forte do ponto de vista material, mas também do instinto, que faz com que, quando observamos uma fraqueza, e não estou me referindo à criança que precisa de cuidados, mas ao adulto, queiramos derrubar aquela presa. Portanto, não era apenas por você ser mulher, embora tenha certeza de que isso tenha exercido uma grande influência no processo que você vivenciou."

Eu permaneci sentada, olhando para minha mestra por um tempo, perguntando-me aonde aquilo tudo ia levar, mas preferindo não perguntar por enquanto. Sabia que tudo me seria revelado. "Sabe, Agnes, você me assusta quando adota uma postura muito masculina. Você ergueu seu escudo como uma guerreira e fiquei instantaneamente intimidada. Eu me recolhi dentro de mim mesma."

"Observe sua postura corporal", disse Agnes, cutucando-me com um dedo, com força, no peito. Eu estava com os ombros encolhidos, encurvada.

"Você tem razão. Olhe para mim." Empurrei instantaneamente os ombros para trás.

"Não", ela disse, "imagine que há um fio descendo do céu e preso ao seu peito, puxando-a para cima a partir do peito. Erga o dorso para cima e para fora de sua gaiola. Assim", ela disse. "Então, seus ombros abrem-se naturalmente. Não force uma postura anormal. Você só ficará cansada e voltará a sentar-se da maneira habitual."

"Você sempre senta-se tão ereta, Agnes. Por que as pessoas normalmente ficam curvadas quando envelhecem? Elas perdem o vigor de seus corpos. Suponho que seja da idade, não é?"

Agnes demorou um longo tempo para responder. Ela me fitava. Por fim, pensei no que tinha acabado de dizer e comecei a balançar a cabeça.

"Sim, Lynn, sacuda a cabeça, porque você está errada."

"Errada em quê?", perguntei.

"Fala-se muito por aí na perda óssea."

154

"Osteoporose", eu disse.

"Sim. O que isso simboliza para você?"

"Bem", disse depois de pensar por um momento, "é a estrutura de seu corpo, de sua vida, seu sistema de sustentação. Quando seus ossos sofrem de deficiência, sua estrutura e sua sustentação ficam comprometidas."

"Muito bem", disse Agnes, "você não tem mais pernas para apoiar-se. Certo? Mas é o inverso. É quando você perde o seu propósito, sua disposição de estruturar sua vida, que você tem perda óssea."

"Nunca pensei que pudesse ser assim", eu disse.

"Você perde a sua substância. É uma lição do sul, uma lição física sobre sua relação com a substância. Pensamos que, quando envelhecemos, não somos mais jovens; por isso, não podemos fazer mais tudo o que fazíamos", disse Agnes, levantando-se e girando sobre um pé só. "Não se espera que eu seja capaz de fazer isso", ela disse, saltando no ar feito uma gazela. "Sou velha, sou realmente velha", disse Agnes. "Sou mais velha que o tempo", ela disse, voltando-se e olhando para mim como se usasse a máscara de um palhaço. "Sou velha e decrépita."

Ela deu cambalhotas no ar, saltando sobre mim. Virei-me para vê-la, não querendo tê-la às minhas costas sem poder enxergá-la.

"E você também vai ficar velha, em breve", ela disse, agachando-se à minha frente numa postura que eu, na minha idade, já acho difícil manter-me por mais de alguns minutos. "Você vai ficar velha, Lynn, como todo mundo. Você vai ficar tão decrépita quanto eu. E então? Seus ossos vão quebrar-se? Você vai ter medo de manter-se sobre as próprias pernas, de defender-se? Você vai dizer para as pessoas quando elas a estiverem estraçalhando, 'Sinto muito. Devo ter errado?'", ela estava quase berrando comigo.

Um fogo começou a acender dentro de mim, um ardor de raiva, não apenas dela, mas também de mim mesma.

"Veja", disse Agnes. "Em vez de ficar furiosa comigo, você está ficando furiosa com você mesma por não ser mais forte. Maravilhoso, Lynn. Você aprendeu conosco a ser uma verdadeira guerreira."

Eu comecei a chorar.

"Oh, ótimo!", Agnes exclamou. "Lágrimas agora. A arma mais potente da mulher", ela disse.

Eu tive que rir quando Agnes dançou diante de mim. "Tudo bem, tudo bem", eu disse, levantando-me e postando-me à sua frente com os ombros e a cabeça erguidos. "Estou vendo. Estou vendo o que você está fazendo. Você está tentando me deixar furiosa."

Agnes deu um longo suspiro. Ela estendeu a mão e, colocando-a em meu ombro, disse: "Lynn, estes ombros carregam o peso do mundo. As mulheres carregam o peso do mundo. É um fardo pesado, porque desde o dia em que você nasceu, você soube como *ver*. Você pôde *ver* a dor no mundo e você quis fazer algo. Você se importou com ela. As mulheres se importam. Elas querem nutrir a terra para que ela volte a ter saúde, mas elas têm medo de assumir a responsabilidade pelo que são. Elas aprenderam durante toda a vida que, se forem fortes e poderosas, perderão a beleza e ninguém irá amá-las e precisamos ser amadas. É terrível a solidão lá fora com todo mundo desprezando-a porque você ergueu a cabeça acima da multidão, porque você é especial e diferente. Assim é você, Lynn. O que você vai fazer? Ficar apavorada? Fechar seu peito e encolher os ombros para que seu coração não possa amar?".

Sentei-me diante dela, perplexa com a sua vigilância. Lágrimas ardiam em minhas pálpebras. Eu as reprimi.

"Está certo", disse Agnes, "reprima as suas lágrimas, porque é verdade, não é? Você está apavorada. Todas nós, mulheres, sentimos pânico, e as que sofrem de osteoporose são as mais amedrontadas. Elas têm medo de assumir uma posição, de maneira que seus ossos fragmentam-se. Elas perdem o cálcio."

"Mas uma grande parte, Agnes, tem a ver com a genética."

"Sim, mas talvez seja hereditário. Talvez seja uma mensagem que toda a família precise assimilar através da história das encarnações daquela família. É algo para ser examinado", ela disse. "Estou dizendo que é uma possibilidade e quero que você a examine atentamente. Onde está a sua assassina, aquele ser interior que a protege e combate por você? Onde ela está neste momento, Lynn? Onde está a sua guerreira interior?"

"Bem, acho que ela está escondida atrás daquelas rochas lá, Agnes."

"É mesmo? Por que você não vai procurá-la? Vou lhe dar alguns minutos, Lynn, para você ir buscá-la. Quero que você atue a partir de sua assassina, aquela guerreira. Você tem um minuto, Lynn, para trazê-la de volta aqui e que as próximas palavras vindas de você sejam dela."

Fechei os olhos e inspirei profundamente por várias vezes, procurando centrar-me. Eu estava mais agitada do que imaginara, mas levei minha força de volta para o meu centro xamânico e encontrei minha guerreira escondida embaixo de uma pedra dentro de mim mesma. Após alguns instantes, deixei que falasse: "Sou a assassina, Agnes. Sou a guerreira interior de Lynn e aprendi a lutar. Eu sei do que estou falando. Lynn é sensível demais. Ela fica assustada, es-

156

pantada, e terrivelmente triste por nossas irmãs não se unirem e lutarem umas pelas outras. Quando elas não se entendem, não tentam comunicar-se, quando fazem ouvidos de mercador e lutam umas contra as outras. Elas destroem-se mutuamente. É uma tragédia que poderia ser evitada, porque as mulheres unidas podem governar o mundo e, com certeza, podem curar o mundo.

"Eu preciso ser mais forte. Veja, Agnes, eu sou a guerreira de Lynn e sou realmente forte. Eu sou predatòria, mas não tenho permissão para lutar, a não ser quando Lynn perde as estribeiras. Então, sou formidável. Luto por ela e ela sobrevive e sabe disso. Mas ela tira as armas de minhas mãos. Quando empunho a espada, ela a afasta. Ela vai me deixar portar o escudo. Ela vai permitir que o mundo saiba quem é. Ela já foi longe e é difícil para a maioria das mulheres chegar a fazer isso. Elas têm medo de assumir quem são, mas estão aprendendo.

"Mas, na velhice, considero o corpo o melhor mestre e Lynn vai descobrir isso. Se você não aprende suas lições cedo na vida, o corpo e a Mulher-Osso, Aquela que Coleta os Ossos, sempre vencem. O corpo é nosso último mestre, em certo sentido. O corpo nos obriga a assumir o que nos tornamos e, se somos frágeis, ele tornase frágil. Assim como se é espiritualmente, se é fisicamente. Se você não se entendeu comigo, a guerreira interior, nasce o guerreiro oculto e o guerreiro oculto é o assassino interior que não se manifesta quando é necessário. Esse é o aspecto mais importante da integridade na velhice. Quando os ossos começam a desintegrar-se é porque você não assume uma posição, você não sente ter nenhum apoio e, estruturalmente, sua vida começa a desintegrar-se, talvez por achar que você não seja mais necessária à sociedade. Mas, se você não é mais necessária, crie um espaço para si mesma. Há muitas coisas que podemos fazer na velhice. Somos necessárias. Os velhos sábios são mais necessários na velhice do que nunca. A sociedade precisa reaprender isso. Então, você tem sabedoria, você viveu, percorreu o caminho e pode mostrá-lo aos mais jovens, homens e mulheres."

"Você sabe o que vai curar a terra", disse Agnes. "De maneira que, estruturalmente, se seus ossos estão lhe dizendo que você precisa prestar atenção na estrutura e na maneira como ordenou sua vida, então faça-o. Não desista. Não encolha os ombros e peça desculpas por quem você é. Ganhe força. Pegue sua lança e enfrente o mundo com uma postura sagrada, não com raiva, mas saiba que a força está ali presente. Aquela 'assassina' está viva e passa muito bem. A guerreira está em você e anuncia ao mundo que você não está para brincadeira, que se eles quiserem causar-lhe danos, você estará à altura, que é uma boa adversária e combaterá até a morte, se necessário. Então, seus ossos estarão curados."

Abri os olhos e olhei para Agnes, cujo olhar abrandou-se com bondade e compaixão. Ela me olhou com muito amor no coração e sorriu pela primeira vez. Respirei profundamente. Os pensamentos se atropelavam em minha mente e compreendi a verdade extraordinária de suas palavras. Compreendi que, em certo sentido, a deusa é o nosso corpo.

"Faça da Mulher-Osso uma aliada", disse Agnes. "Ela é a protetora de seus ossos. Fale diretamente com ela. Faça uma cerimônia para ela. Acenda-lhe uma vela. Penetre com sua consciência no interior de seus ossos e reverencie-os por terem-na sustentado todos esses anos. Seu corpo é um dos melhores mestres de todos e, quando assumimos a espiritualidade como o verdadeiro caminho de nossa vida, tendemos a desprezar o corpo como se não fosse nada. Ao atravessarmos o limiar da menopausa, ele é um dos primeiros mestres que deveríamos reconhecer e ouvir, a grande lição de que o corpo e os ossos são realmente os ossos da guerreira."

16

AS QUATRO DIREÇÕES DO SANGUE SÁBIO

Eu estava profundamente absorta em meus pensamentos enquanto percorria o caminho da cabana de Agnes até o córrego Dead Man. O ar puro, com cheiro de pinheiro e a ausência de ruídos fizeram-me pensar em minha vida e em como eu tinha ido trabalhar com aquelas mulheres poderosas. Sempre senti uma necessidade profunda de integridade, de verdade e de totalidade. Fora esse anseio que me fizera colocar o pé na estrada para o norte até Agnes Alce que Uiva e Ruby Muitos Chefes, tempo antes. Quando encontrei aquelas duas mulheres extraordinariamente fortes, vi meu próprio reflexo em seus olhos. Vi quão limitada eu era e quão difícil seria atravessar o abismo da impotência até uma posição de poder. Mas, em algum lugar dentro de mim havia um anseio tão grande por unidade, por aquele casulo de amor universal envolvendo-me, que fui em frente. Jamais perguntei; jamais questionei e jamais olhei para trás. Simplesmente percorri o caminho vazio à minha frente. Ao longo do caminho, encontrei refúgios de encorajamento, altares de orações e fiz oferendas, dedicando partes de minha bagagem acumulada, partes de mim mesma que não me serviam mais. É uma jornada difícil essa peregrinação em direção à iluminação, de maneira que precisei ter propósito e vontade, força e clareza, para realizar as árduas travessias.

• • •

Saí da floresta e entrei numa campina. O capim estava verde, viçoso e úmido, com o orvalho da manhã. Chegava até acima dos joelhos e eu caminhava lentamente, inalando profundamente o aroma do ar fresco do norte. O perfume das flores da primavera era inebriante e fez-me relaxar. Senti-me radiante. A idéia de encontrar a Mulher no Limiar de Dois Mundos tinha animado muito o meu espírito. Sabia que estaria fazendo uma passagem sob uma grande pele de alce, símbolo da passagem da mulher de um estágio de vida para outro. Não era uma travessia rápida. Era uma longa jornada, que tinha que ser refletida e assimilada. Eu desejava nutrir a parte de mim mesma que estava mudando. Queria ajudar a sentir-me à vontade. Minha consciência encontrava-se no fundo de meu próprio útero e tinha necessidade de descansar. Precisava de paz, juntar os fragmentos de minha vida num grande escudo de poder e amor.

Ao atravessar a campina eu pensava nas mulheres com quem vinha trabalhando, nas mulheres que estavam realizando suas próprias travessias em direção a seus próprios encontros com a Mulher no Limiar de Dois Mundos. Considerei quão poderosa era aquela tradição que a grande deusa proporcionava a nós, mulheres na menopausa. Pensei em cada uma daquelas mulheres como se representassem diferentes direções, diferentes aspectos do círculo sagrado. Cada uma delas representava algo diferente e especial.

Beth, que entrara precocemente na menopausa, é uma mulher que vive na maior parte do tempo no sul da roda sagrada. É uma pessoa ligada à terra, física, que ingressa no mundo como uma contadora de histórias. Ela conhece a linguagem das pedras, os ossos da terra. No ritual que prepararíamos para as minhas quatro aprendizes, ela representaria o poder da direção sul, o poder da confiança e da inocência da criança interior. Seus animais tutelares são os que mantêm seus focinhos próximos da terra. Ela tem um ouvido voltado para a superfície da terra, como o camundongo. Ela consegue ouvir de muito longe a vibração dos movimentos, dos perigos. Tem uma ótima memória e a capacidade de manter-se no sul e procurar o espírito ao norte, o espírito que pode então manifestar-se no mundo físico através de seu trabalho com pessoas idosas. Um dia ela se tornará uma grande curandeira de pessoas com problemas ósseos.

Desci até o riacho que serpenteava através da campina. Fiquei sentada à margem da água que corria mansamente por um longo tempo, contemplando os reflexos do céu, dos vergalhões de nuvens, dos raios do sol sobre a superfície da água como se fossem cristais dilapidados. Observei os efeitos prismáticos do arco-íris que se formavam e senti a capacidade curativa da corrente de água que seguia rumo a seu destino, o mar, tão longe dali. Pensei em Linda, cujo marido a rejeitava por ela não poder ter mais filhos, que sentaria no oeste da roda sagrada no ritual pela compleição da primeira parte de sua vida. Linda, uma mulher do oeste, não diferente de mim, vive no

162

sonho sagrado, sempre consciente das forças da natureza, da morte, do renascimento e da transformação. Ela é uma mulher do sonho sagrado. Seu poder animal é o da grande mãe ursa, a ursa que sonha. Ela não se dá muito bem com o inverno quando muito é exigido dela. Ela quer hibernar, recolher-se à sua intimidade secreta e experienciar a mágica que armazenou em si durante os meses de verão. Ela gosta de ruminar as coisas que aprendeu para metabolizá-las e torná-las parte de seu próprio sonho privado. Na sua capacidade de controlar as emoções, que são vastas, ela volta-se para o leste, para o processo da mente e da iluminação, reverencia o sol nascente que ilumina seu espírito. Pensava nela enquanto colhia algumas flores de camomila com as quais eu faria um chá para ela, durante a cerimônia. Colhia-as com cuidado, escolhendo as que clamavam por transformação. Coloquei-as respeitosamente na bolsa de contas azuis presa à minha cintura.

Afastei-me do riacho, sem desejar realmente deixar a sua margem. Caminhei em direção às montanhas distantes, o terreno elevando-se sob meus passos e subindo em direção ao sopé das montanhas. Olhava para seus picos cobertos de neve e, por um momento, senti a brisa que vinha do alto das montanhas acariciando meu rosto. Fiquei imóvel naquela quietude, sem fazer qualquer ruído. Era o tipo de quietude para a qual toda verdade retorna. Bendisse o frescor que ela trouxe, a suavidade. Em seguida, veio uma rajada de vento norte e a grave lembrança dos planos superiores da consciência me fez continuar.

Caminhei em direção a um afloramento de rochas e escalei-as como se estivesse escalando a mais alta montanha do Himalaia. Sentei-me nas pedras que tinham sido aquecidas pelo sol e coloquei minhas mãos sobre elas, sentindo sua força. As pedras retêm tantas lembranças, contam tantas histórias. Fechei os olhos e pensei em Phyllis, que sempre desejara ser dançarina, a mulher do norte, a mulher do espírito, que tinha deixado sua vida mundana e, sabiamente, foi viver numa cabana isolada na tundra canadense por algumas semanas a fim de novamente conhecer-se. Ela escolhera ir meditar, viver em paz, até a realização da cerimônia de iniciação com a Mulher no Limiar de Dois Mundos. Ela estaria retornando então, pensei, e veria muito claramente a deusa. Sorri por um momento, imaginando seu entusiasmo e sua alegria. Ela era muito corajosa. Tinha grande capacidade para escolher um alvo e mirá-lo, puxando o arco e disparando a flecha para o lugar devido. Era uma mulher brilhante. Seus estudos ajudaram-na em muito, mas também tinha aprendido no processo de sabedoria a abrir mão dos conhecimentos que havia acumulado para transportar sua consciência para o seu corpo e seu centro xamânico na região umbilical. Ela sentia seu propósito diariamente e meditava com a natureza. Havia aprendido a escrever sobre suas experiências. Eu percebia que ela poderia tornar-se uma grande mestra no mundo, que tinha aprendido muito. Ela havia se tornado, através de nosso trabalho conjunto, um radiante raio de luz. Dei graças ao Grande Espírito e à Mãe Terra por tê-la encontrado. Ela também tinha me ensinado muito.

Desci do afloramento de rochas e entrei pela trilha de veados, a leste, na direção de uma grande campina que estendia-se abaixo, dourada, tingida levemente com o verde do capim da campina e o rosado das flores silvestres. Sentei-me num local com uma bela vista e olhei através das vastas planícies orientais. Lágrimas rolaram de meus olhos quando pensei no grande búfalo que um dia perambulara por ali e na grande simplicidade da natureza que florescera intocada em seu perfeito esplendor antes do surgimento do homem. Eu estava profundamente abatida pelo que tínhamos feito com grande parte da selva da América do Norte e com a ecologia de nosso planeta. Deixamos tão pouca beleza para nós mesmos e para nossos próprios filhos. Entretanto, lembrei-me das palavras de Agnes de que escolhemos vir ao mundo para aprendermos, que o corpo físico é um mestre e um espelho extraordinário para uma consciência profunda, desde que escolhamos a nos enxergar nele. Para curarmos a Mãe Terra temos, antes, que curarmos a nós mesmos.

Pensei em Mary, que erroneamente achava que estava perdendo sua beleza e sensualidade, minha aprendiz que representava o leste. Seu símbolo é a águia. Ela voa mais alto e enxerga mais longe. É difícil para Mary relaxar na consciência de seu corpo, olhar através da roda sagrada e sentir suas emoções, permitir-se ser vulnerável, porque ela é tão obstinadamente mental. A iniciação xamânica não é fácil para Mary, mas ela está aprendendo bem e deterá o poder leste na roda sagrada e não o desonrará. Quando Mary veio a mim pela primeira vez, lembro-me de como negava seus sentimentos com respeito a essa passagem da vida. Negava totalmente que estivesse ocorrendo qualquer coisa com ela no nível físico, até que um dia percebi gotas de suor acima de seus lábios e na testa em uma tarde muito fria, algo que ela não podia dissimular, mesmo sendo perita em usar muitas máscaras em sua vida. Sua frase predileta era: "Só tenho trinta e dois anos". A diferença entre ela e muitas pessoas é que, quando coloca uma máscara, ela o faz deliberadamente e também a remove quando não é mais necessária. Ela entende, no fundo, que a vida é uma grande peça teatral, um complexo emaranhado de vontades, um jogo de experiências e evolução. Ela sabe que se por um momento o levar demasiadamente a sério, será tomada pela depressão e perderá seu rumo. Ela sabe agora como não fazer isso.

Então pensei em mim mesma enquanto permanecia sentada e imóvel, olhando através das planícies a leste. Estranhas nuvens negras com uma borda dourada de luz solar juntavam-se ao longe. Elas trariam a chuva que se fazia necessária. Podia sentir o cheiro de umidade no ar. Voltei para a campina da roda sagrada. Podia sentir a presença de Agnes perto de mim. Virei-me e vi Agnes saindo de um lugar entre as faias. Ela vinha em minha direção, sorrindo. Usava uma saia tecida com cores fortes da Guatemala e uma jaqueta jeans sobre uma blusa amarela. Seu escudo ornado com contas estava suspenso em volta do pescoço e brilhava intensamente com suas facetas reluzindo marrom-avermelhadas e douradas à luz do sol, como seus olhos. Sentei-me na campina e abri um espaço para ela sentar-se comigo. Ela aproximou-se e tocou suavemente em meu ombro com o dorso da mão e fez um gesto em linguagem simbólica que representava coração e amizade. Olhei para ela e ela fitou-me nos olhos com um ar brincalhão.

"Você está novamente pensando em si mesma?"

Eu ri. "Sim, Agnes, estou no centro, mentalmente, de meu própiro círculo sagrado. Estava pensando em minhas aprendizes e em como somos espelhos verdadeiros umas para as outras."

"Sim, minha filha, agora você está começando a aprender. Você foi um grande reflexo para mim e ainda é."

"E de que maneira, Agnes?"

"Você me mostra onde cheguei."

Ambas rimos. Ela bateu nos joelhos e lançou a cabeça para trás como fazia constantemente. Seus maneirismos sempre aqueciam meu coração e faziam-me rir.

"Sinto, Agnes, que tenho um caminho diferente pela frente, que há muitas encruzilhadas e voltas neste novo caminho."

"Por que você vê isso?", ela perguntou.

"Não estou segura, mas vejo que parte da iniciação de passagem do sangue sábio com a Mulher no Limiar de Dois Mundos é uma passagem para outro nível ou esfera da vida. Neste processo, olho para a minha vida passada e vejo que tenho que apropriar-me do que me tornei."

"Você não sente orgulho?", Agnes perguntou, pegando um talo de capim novo de primavera e mastigando sua ponta tenra, levemente amarelada. Ela abanou a penugem da outra ponta para mim como uma pequena flâmula, brincando comigo também com o olhar.

"Sei que tenho muito orgulho por apropriar-me do que me tornei, Agnes Alce que Uiva. Você me ensinou muito bem e acho que não vai deixar nunca de me ensinar, mas sinto que há uma mudança no interior de mim mesma. Estou me tornando cada vez mais a mestra e, na maioria das vezes em que sinto muita necessidade de você, quando preciso ouvir sua voz, o som dela surge dentro de mim, quase da mesma maneira com que a ouço fisicamente."

"Grande parte do que você vê hoje", Agnes disse, "resultou da dor pela perda de sua mãe. A terrível dor que você sentiu naquela época aprofundou-a de tal maneira que fez você entender que a morte não existe e, em certo sentido, o nascimento também não. Somos um grande círculo."

Assenti concordando e coloquei as palmas das mãos sobre o chão, sentindo a umidade da terra que subia pela grama. "Sinto a terra, Agnes, como se fosse mesmo minha mãe. Sinto seu apoio afável e sei que ela grita por socorro e compreensão. Sei que ninguém é dono da verdade, que somos todos partes de uma única verdade e uma única consciência e somos provenientes da luz. Sinto-me tão plena de amor por você e por todas com quem trabalho. Quero tanto ajudar essas mulheres a construir seus espaços sagrados."

"Ah", disse Agnes, reclinando-se para trás por um momento e cravando-me seu olhar penetrante. Fitei-a por vários minutos e, então, ela acrescentou, "aquelas mulheres suas aprendizes são boas mulheres", ela disse, colocando a mão fechada sobre o coração, "mas você tem que deixá-las construir seus próprios espaços. Você tem que permitir que elas assumam suas próprias vidas."

Assenti, respirando profundamente e reconhecendo o que ela estava dizendo. "Esforço-me muito, Agnes, para fazer com que as pessoas cheguem àquela mulher poderosa no interior de si mesmas. Tento não separar, julgar, achar por nenhum instante que aquelas mulheres foram curadas por mim, porque na realidade elas é que curaram-se a si mesmas."

"Ho", Agnes exclamou com um sorriso. "Deixe-as construir seus próprios espaços, Lynn. Seria maravilhoso se você pudesse fazer isso por elas, mas você não pode. Não se esqueça nunca de minhas palavras. Vamos", ela disse, "acho que precisamos de mais salva da parte oeste da campina. Você se lembra de sua viagem com sua avó à Inglaterra? Você se lembra como ela a ensinou a colher ervas?"

"Sim, Agnes, lembro-me."

"Então, venha. Vamos nos divertir."

Segui minha mulher sagrada, minha mestra, através da campina até o local das salvas de folhas prata-azuladas enquanto sentia o vento oeste acariciando meu rosto. Eu o sentia como um lenço de seda ondulante numa corrente de ar. Sentia meu coração pleno.

17

A VELHA MAMÃE ESQUILO E SUAS ERVAS

Na manhã seguinte, Ruby e eu nos sentamos para fazer pacotes de folhas de salva. "Muitas mulheres vivendo diferentes fases de vida e desenvolvimento ficam fascinadas com o que está prestes a acontecer-lhes psicologicamente", eu disse. "Por exemplo, as jovens interessam-se muito pelo significado da experiência de dar à luz. Elas ficam maravilhadas com sua capacidade de gerar vida. As mulheres na casa dos trinta anos, acho eu, também ficam fascinadas com o processo da menopausa."

Estávamos sentadas na varanda da cabana de Ruby. Ruby, com seus longos cabelos trançados e puxados para trás, estava afiando uma vara com seu facão e virando sua cabeça de um lado para outro acompanhando a cadência de minhas palavras. Finalmente, bateu com suas botas no chão e disse: "Arre, ora, ora, ora". Olhei para ela, interrompendo meus pensamentos e perguntando-me qual seria o problema. Ruby não disse mais nada.

"Ruby, qual é o problema?", perguntei finalmente.

"Muitas palavras", ela disse. "Palavras, muitas palavras."

"Bem, você prefere que eu pare de falar?", perguntei.

"Não, mas gostaria que você repensasse o que está dizendo. Você simplesmente soa entediante, é só", Ruby fungou, dando um golpe com o facão. Uma lasca de galho de salgueiro saltou para as velhas tábuas gastas da varanda.

"Bem, muito obrigada", eu disse. "Estou apenas tentando dizer..."

Ruby interrompeu-me novamente. "Você soa como uma professora, exatamente como alguém sentada em uma sala de aula, pintada de verde, com um bocado de pessoas aborrecidas sentadas em pequenas cadeiras de carvalho, eretas e desconfortáveis." Ela limpou as lascas de madeira de sua camisa e saia jeans desbotadas.

Tive que rir com a lembrança de mim mesma, quando criança, sentada em uma sala de aula exatamente como a que ela descreveu em Seattle, Washington.

"Você não se lembra de nada, Lynn?"

"Sobre o quê?", perguntei.

"Nada do que lhe ensinamos."

"Acho que me lembro de um bocado."

"Lembre-se", disse Ruby, pegando a vara e apontando-a ameaçadoramente para mim, "que você jamais aprende ao ouvir conhecimentos alheios. Eles podem parecer corretos; podem mesmo ser inteligentes, mas quando você fala para as pessoas a respeito de algo que não faz parte de seus próprios sonhos, parte de suas próprias experiências, elas jamais podem apropriar-se do que você diz. Elas jamais conseguem torná-lo parte de seus próprios mundos."

Olhei através da clareira para as árvores. As folhas dos álamos agitavam-se com a brisa da tarde, capturando a luz como fragmentos minúsculos de espelho refletindo luminosos raios dourados na floresta. Inspirei profundamente e recostei-me na parede da varanda e balancei a cabeça.

"Ruby, você tem razão. Obrigada por ter me lembrado."

Ruby continuou a raspar a vara e, finalmente, mostrou uma pequena imagem de lobo uivando para a lua. Ela a exibiu para mim.

"Veja, um de seus animais tutelares é a loba preta. Aqui ela está uivando para a lua. Você não é uma loba de verdade, mas há uma parte de seu espírito que é de loba, exatamente como em todas as mulheres há uma parte do espírito que já foi velha, que já foi a velha sábia, a portadora do sangue sábio, a velha que conhece muitos caminhos, que encontra a trilha. Mesmo que você tenha treze ou vinte anos de idade, há uma parte de você que sabe como ele é. Quando você segura essa pequena loba em suas mãos, há uma parte de seu espírito que sabe o que é uivar para a lua. Não é verdade?" Ela franziu o nariz para mim e sorriu.

"É verdade, Ruby. Sempre senti que sabia."

"E todas as mulheres", disse Ruby, "sabem que sabem. A partir do momento em que põem seus pezinhos nesta grande Mãe Terra, as mulheres *sabem* e têm familiaridade com esta energia, porque ela é feminina."

"O que você está querendo dizer?"

"Estou dizendo para dar às mulheres de seu povo a experiência da iniciação. Proporcione-lhes a experiência de passar de um nível de consciência para outro."

"Mas como posso fazer isso, Ruby? Não posso fazer com que uma menina de vinte anos atravesse a passagem da menopausa." "Não, mas você pode mostrar-lhe o antigo costume. Você pode ensiná-la a servir as velhas sábias a seu redor." Ela piscou para mim. "Há certos rituais nos quais as mulheres mais jovens não podem estar presentes, mas elas podem assistir à celebração. Com certeza podem ouvir as mulheres que atravessaram o limiar. Quando você falar de emoções para as mulheres, de hormônios etc., leve-as sempre através de um processo de visualização, para que tudo se torne real para elas. Suas palavras tornam-se mais do que simples sons. Esses sons podem assumir formas em sua visão mental e essas forças começam a dançar no mundo de suas realidades."

"Venho debatendo-me há meses com o conceito de iniciação relativo à menopausa", eu disse. "Não posso revelar todos os segredos da Irmandade nesse evento."

"Não", disse Ruby, "você não pode comunicar o sentimento da celebração. Mas pode comunicar muitas das cerimônias que estamos ensinando. Você vai entender o que estou querendo dizer porque a Mulher no Limiar de Dois Mundos vai se tornar parte de seu conselho de fogos. É também hora de ela ser introduzida no plano de existência do século XX. Aconselhe-se com ela e conosco. Nós a guiaremos através de seu caminho."

Exatamente naquele instante, ouvi um ruído nas moitas à direita da cabana. "*Namaste*", ouvi uma voz familiar dizer como boas-vindas. Virei-me e deparei-me com a face radiante de July, a jovem aprendiz de Ruby. Não a via há mais de um ano. Precipitei-me pelos degraus da varanda para dar-lhe um grande abraço. July estava linda!

"Seus cabelos estão lindos, July", disse, passando a mão em seus longos cabelos negros que chegavam até a cintura. Seu semblante irradiava luz e felicidade.

"Oh, Lynn, meu coração está feliz. Fazia tanto tempo que não a via. Temos muitas coisas para compartilhar." Ela apontou para os muitos sacos que trazia nas mãos e num ombro. "Vamos, vamos até minha clareira preferida na floresta. Tenho muito para lhe mostrar."

"Mas, July, eu nem sabia que você viria."

Subimos para a varanda e July entregou um dos sacos a Ruby. Ruby sorriu ao abri-lo. Ela inspirou longa e profundamente a fragrância de seu conteúdo.

"Ah", ela disse. "Vão passear, vocês duas", como se fôssemos crianças. "Vou preparar um ungüento com essas ervas", disse para July. "Muito obrigada, minha filha." Ela inclinou levemente o corpo da cintura para cima e entrou em sua cabana.

171

"Venha", July disse. "Ruby e eu preparamos uma coisa. Tenho muita coisa para lhe contar. Vai ser divertido."

Descemos pelo caminho de mãos dadas. O vento oeste começou a soprar, trazendo o perfume das planícies e pinheirais enquanto andávamos entre os álamos. Notei que eles pareciam fortes e saudáveis à luz da primavera. Por fim chegamos a uma clareira que se abria entre os álamos, cujos galhos sobre nós pareciam catedrais, protegendo-nos da forte luz solar. Sentamo-nos em duas pedras lisas, com outra pedra calcárea entre nós.

July limpou a pedra lisa com as mãos e colocou em volta dela cinco pequenos embrulhos.

"Ruby pediu-me para coletar muitas ervas para você. São ervas instrutivas. São ervas que nós duas colhemos nas devidas fases da Lua. Nós as colhemos de um modo sagrado e elas são para você."

"Que ervas são?", perguntei, extremamente excitada.

"Essas ervas são usadas por nossas irmãs anciãs e por todas as mulheres da Irmandade. Algumas dessas plantas estão quase extintas. Quero colocar as ervas umas ao lado das outras para que você possa ver como elas são e as diferenças entre elas. Há uma em particular que é muito importante para as mulheres que estão passando pela menopausa", July disse, "e Ruby pediu-me para mostrá-la primeiro."

Lembrei-me do que Ruby havia dito sobre a mulher mais jovem servindo as mais velhas. Recostei-me e deixei que July preparasse seus saquinhos, que pareciam ser-lhe muito preciosos. Primeiro ela abriu uma bolsa de couro cru e com muito cuidado extraiu dela dez ou vinte folhas.

"Nós chamamos essa planta de 'folhas de luz' ", ela disse e, então, pronunciou uma palavra indígena que eu jamais tinha ouvido, que significava folhas de luz. "Veja como elas são lisas." Ela estendeu-me uma folha. Ela era lisa de um lado, quase como vidro. "Essas folhas de luz são semelhantes ou têm um efeito semelhante ao da raiz de *cohash negro* que você encontra nas lojas de produtos naturais. Esta planta é muito importante para os períodos de transição e desequilíbrios hormonais."

Com muito cuidado e respeito, July pegou folhas de outras bolsas e colocou-as em volta do círculo. "Esta raiz de *cohash negro* é por vezes chamada de raiz de guizo de cascavel ou *squaw* e é encontrada no sul", ela disse. "Elas são para o corpo físico e para fortalecer a confiança no processo que ocorre durante o desequilíbrio hormonal. Ela também reduz a pressão sangüínea e os níveis de colesterol, alivia as ondas de calor e as cólicas menstruais."

Da bolsa seguinte ela tirou um tipo de amoras silvestres vermelho-rosadas, algumas matizadas de verde, e colocou-as no lado oeste. "Estas não diferem da *belladonna* ou da *dong quai* da China. Elas têm um efeito tranqüilizante, que acalma as emoções, por isso é tida como planta do oeste. É uma planta que tem que ser colhida cuidadosamente durante a Lua cheia e precisa ser usada com cuidado — não as mais velhas e mais fortes, pois são necessárias para criar novas ervas no ano seguinte, nem tampouco as mais novas. Usam-se as médias, como essas, que podem ser secadas e transformadas num pó fino para ser misturado com as folhas de luz, harmonizando-se muito bem."

Então ela pegou uma bolsa de pele de veado muito macia, e delicadamente retirou dela quatro ou cinco ramos. Colocou-os no lado leste. "Estes são galhos de um certo tipo de olmo. Eles são iguais ao olmo liso no que diz respeito a ajudar no equilíbrio da retenção de líquidos, no aumento de peso decorrente da retenção de líquidos devida ao desequilíbrio hormonal, além de aliviar a síndrome pré-menstrual", disse July. "O olmo liso contém cálcio, vitaminas A e B e fósforo, todos úteis para a formação óssea."

Percebi que ela estava tentando lembrar das informações que tinha recebido sobre aquelas plantas. Seu semblante estava muito belo e sereno. Jogos de luz dos galhos que filtravam a luz do sol acima refletiam-se em seu rosto enquanto ela falava. Seus olhos brilhavam de entusiasmo. A saia longa vermelha e a blusa branca acentuavam o bronzeado de sua pele. O bracelete de prata e turquesa explodia ocasionalmente num intenso reflexo prateado do sol enquanto ela lidava com as plantas e me expunha minuciosamente seus conhecimentos.

Em seguida, retirou gomos que pareciam cardos, perfumados e espinhentos, e colocou-os ao norte. "Estes", ela disse, "são cardos abençoados." Ela pronunciou um nome indígena para referir-se a eles. "São cardos abençoados que você conhece das lojas de produtos naturais. Quando misturados com essas outras ervas, resultam numa combinação muito eficaz. Aliviam as tensões pré-menstruais, ativam a circulação e fortalecem o coração. São também próprios para o cérebro, o que é muito útil", ela riu.

Ela então abriu outra bolsa cheia de raízes, galhos e folhas e colocou-a no centro. "Esta é uma planta quase extinta. Não sei por que, ela é conhecida entre meu povo como a 'árvore virgem'. É muito semelhante à *dong quai* e tem o mesmo conteúdo de estrogênio. *Dong quai*, como você sabe, Lynn, é a erva originária da China que é extremamente útil às mulheres com problemas de estrogênio. Ela ajuda contra as ondas de calor, contém vitaminas A, B_{12} e E, ajuda na prevenção da secura vaginal e aumenta a função dos hormônios ovarianos. Esta planta", ela apontou para um monte de pequenas folhas, "contém estrogênio e é um simples trevo. Quando os cavalos as comem, ficam com inflamação no casco por causa de seu alto nível de estrogênio." Notei como July escolhia cuidadosamente as palavras. Estendi uma mão para tocar na mão dela e, olhando-a nos olhos, disse: "Você esforçou-se muito para dar-me essas informações e eu fico muito agradecida, July. Muito obrigada".

Ela sorriu para mim e corou um pouco. "Portanto, Lynn, para ser completa, faça uma mistura de raiz de *cohash negro*, cardos abençoados, erva *squaw*, raiz de salsaparrilha, raiz de ginseng siberiano, assim." Ela fez a forma de uma xícara com a mão, mostrando a cova da palma da mão provida de folhas trituradas e raízes. Apontou para uma pequena raiz esbranquiçada. "Incluí esta. Não a colhi aqui. E esta é a salsaparrilha, que também provém do oeste, assim como a raiz de alcaçuz, que está bem aqui." Ela tocou delicadamente na raiz escura com os dedos. "Esta é a falsa raiz unicórnia que a vovó Gêmeas Sonhadoras me deu. Ela disse que é excelente contra todos os sintomas da menopausa e tonifica o útero. Portanto, todas essas ervas podem ser moídas juntas em proporções iguais e tomadas em cápsulas ou em forma de chá." Ela então entregou-me um saco de algodão cheio, amarrado com uma corda.

"O que é isso?", perguntei.

"É o seu primeiro saco de ervas da Mulher em Transformação. Para que você se sinta sempre bem", disse July orgulhosa e com um largo sorriso. "Você não é obrigada a fazer isso, mas há mais das ervas e raízes que mencionei primeiro e proporcionalmente menos, de acordo com a ordem em que as listei! Esta é a minha fórmula. É também uma excelente mistura contra tensões pré-menstruais e mudanças de humor. Ela realmente alivia."

"July, muito obrigada. Vou experimentar um pouco assim que estiver de volta à cabana."

Enquanto ela colocava as bolsas no chão, um rápido movimento à esquerda chamou minha atenção. Antes que pudéssemos dizer qualquer coisa, um esquilo fêmea saltou subitamente para o nosso círculo. Ele sentou-se na beirada da pedra, sobre as patas traseiras, firmando as pequenas patas dianteiras à sua frente, olhando como se fosse tentar roubar algumas das folhas. July e eu nos olhamos surpresas, sem dizermos nada. Nenhuma de nós sabia o que fazer. Ao olhar para o esquilo, pude perceber que era muito velho. Seu pêlo era grisalho em volta do tufo de seu pescoço. Fiquei surpresa e perguntei-me que diabos estava acontecendo. Então o esquilo fêmea, balançando a cauda de um lado para outro, começou a emitir sons. Ele olhava para mim e tagarelava e tagarelava, como se estivesse ralhando furiosamente comigo. Sacudindo a cauda de um lado para outro, ele dava voltas e mais voltas em pequenos círculos. Então, saltou sobre uma das bolsas. Por um momento pensei que July fosse impedi-lo, mas ela também estava paralisada, surpresa com o comportamento do esquilo fêmea. Muito cuidadosamente, a velha mamãe esquilo pegou então as folhas de luz e segurou-as como se estivesse colocando-as contra a luz do sol e começou de novo a dar voltas, largando a folha.

July disse: "Oh, eu ia me esquecendo. Quando você pega as folhas de luz, você tem que colocá-las contra o sol, para ver sua densidade. Você vê as nervuras?". Ela apontou. "Estas nervuras indicam se é a folha certa ou não."

"Você quer dizer esses pequenos entalhes aqui?", perguntei, apontando com o dedo.

"Sim", disse July, "se eles estiverem avermelhados, as folhas não deverão ser colhidas."

Meus olhos arregalaram-se e eu olhei para o esquilo fêmea que estava sentado no centro da pedra, comendo calmamente uma das folhas de luz. Ele balançou o rabo, ralhou um pouco mais comigo e, então, de cada uma das quatro direções, ele pegou um exemplar e deu uma mordidela, olhando para a folha enquanto a mordiscava. Até mesmo o cardo ele prendeu cuidadosamente em suas patas, cheirou-o e voltou a ralhar tanto comigo quanto com July, balançando a cauda. Quando chegou aos galhos que estavam na direção leste, ele começou a tirar a casca de um deles.

"Oh", disse July, "esqueci-me também. Você tem que tirar a casca dos galhos, é o que se encontra dentro da casca que tem valor. Ele contém uma progesterona natural que é o que você precisa para equilibrar o estrogênio, para não ficar em desequilíbrio e não estimular o câncer."

"Não entendi", eu disse.

"O que eu disse é que o estrogênio muito freqüentemente precisa ser equilibrado com a progesterona para que o revestimento endométrico do útero não se desenvolva. A progesterona faz você menstruar."

Enquanto ela explicava, o esquilo fêmea corria em pequenos círculos, ralhando com nós duas como se fôssemos escolares cabuladoras de aula. Reclinei-me para trás, perguntando-me se realmente estava vendo um esquilo fazer aquilo. E exatamente no mesmo momento July e eu tivemos quase o mesmo pensamento. Ambas olhamos para a mamãe esquilo para ver se havia algo nele que lembrasse

175

Ruby. Ao fazermos isso, o esquilo, com um rápido movimento de cauda, saiu correndo da pedra, atravessou a campina e desapareceu. Ele havia deixado uma mixórdia de folhas, galhos e raízes espalhados por todos os lados. Tudo estava numa desordem total. "Sabe, July, isso me faz lembrar de algo", e tive que rir. "Não sei se era apenas um esquilo à procura de algo para comer ou coisa semelhante, mas lembro-me de quando estávamos na Austrália trabalhando com Ginevee e as mulheres aborígenes no sertão. Você se lembra de quando eu estava escrevendo *Crystal Woman*?" July fez sinal que sim, com a cabeça. "Eu estava fazendo um desenho de areia chamado *pupunya* e tinha trabalhado dias seguidos juntando a areia e providenciando para que as cores fossem as apropriadas. Tinha começado meu desenho de areia e já tinha levado quatro dias e quatro noites nele. Eu estava sentada em minha pequena cabana virada contra o vento para que meu desenho de areia não fosse destruído quando, subitamente, vinda do nada, Ruby apareceu, de manhã cedo, descalça. Ela passou por cima do meu desenho de areia, lançando meus sonhos e esperanças aos quatro ventos. Jamais me esquecerei daquilo. Ela queria saber por que eu não tinha representado o grande desconhecido do qual provêm os mistérios do poder."

"Sim, eu me lembro", July disse.

"Bem, July, isso não se parece um pouco com aquilo?"

July arregalou os olhos, como se não estivesse acreditando no que sua mente começou a pensar.

"Uma parte da magnificência dos ensinamentos da Irmandade dos Escudos é que ocorrem tantos eventos misteriosos e tudo o que eu posso dizer, July, é que podemos levar umas às outras ao ponto do conhecimento; ao lugar do grande mistério, à beira do abismo, mas além desse ponto não há nenhuma explicação. Não sei dizer por que tais coisas acontecem. Não sei dizer por que algumas pessoas têm poder e outras não. Posso conduzi-la ao lugar do conhecimento, mas a escolha de assumir o poder é sua."

"Sim, sim", disse July, batendo palmas, "e é isso que essas plantas fazem."

"Fazem, sim, não fazem? Elas podem ajudar seu corpo a adaptar-se à natureza de seu próprio ritmo e da vida, mas você terá de acrescentar outro ingrediente. Como Ruby disse muito bem quando passou por cima de meu desenho de areia na Austrália: 'Onde está o incognoscível? Onde está representado o incognoscível?'. Eu disse: 'Mas em lugar nenhum'. Ela afirmou: 'Então, seu desenho de areia não tem nenhum poder, porque o poder nasce do incognoscível, daquele lugar que não pode ser explicado, daquele lugar de bem-aventurança, de perfeição, daquele lugar onde o Grande Espírito vive dentro de você. É a esse lugar que a iniciação pode conduzir'."

176

"Sim", disse July, "e espero ser capaz de algum dia fazer isso."

"July, um dia você também vai realizar a passagem da Mulher no Limiar de Dois Mundos, como todas as mulheres. Mas a verdadeira iniciação resulta de seu esforço, seu desejo de ser inteira. Iniciação, conhecimento, sabedoria podem ser oferecidos a uma pessoa, mas se ela não consegue ouvi-los, não adianta nada."

"É por isso que vocês fazem as pessoas passarem pela experiência", disse July, com os cabelos esvoaçando, enquanto balançava a cabeça de um lado para outro.

"Sim, July, é isso. Temos que vivenciar o que aprendemos para que se torne verdadeiro. Precisamos digerir o conhecimento, exatamente como o esquilo fêmea. Ele veio aqui e mastigou todas as folhas e galhos. É exatamente como uma idéia colocada na roda sagrada. Se não digerirmos o que aprendemos, aquilo não significa nada para nós."

"Ah", disse July, "isso quer dizer que, quando você realiza a passagem com a Mulher no Limiar de Dois Mundos, você de fato come algo?"

"Sim, acredito que sim. Você come de uma oferenda. É uma oferenda, um símbolo do processo de transformação. Quando você come as folhas de uma planta, essa planta é transformada por você em algo bem diferente do que era. Você a ajuda a passar para um nível superior. É algo com o qual também tive grande dificuldade na Austrália. Aprendi isso com Ginevee mais do que com qualquer outra pessoa. Talvez aquele esquilo fêmea, quem quer que ele seja — uma velha, um espírito ancião —, talvez ele saiba. Mesmo os animais passam por períodos de transição. Talvez para ele essas plantas fossem algo de que ele necessitasse e nós as reunimos só para ele."

July e eu recolhemos as folhas e galhos e os colocamos em suas devidas bolsas. Dei um grande abraço em July, tirei o anel de coral que usava na mão direita e dei-o a ela em recompensa por seu trabalho comigo. Ficamos sentadas por um longo tempo na floresta de álamos, rindo e falando sobre o que acontecera. Na realidade, estávamos esperando que a velha mãe esquilo voltasse, mas ela não voltou.

O CALDEIRÃO DA VERDADE

APÓS TER COMPREENDIDO A MENOPAUSA

"Você é mulher. Você é como o fogo agora — você busca a sábia deusa mãe no céu", disse a Mulher no Limiar de Dois Mundos. *"Ela vem a você. Ela é você. Lembre-se sempre de quem você é."*

18

A MORADA DA LUA MINGUANTE

Naquela noite celebrávamos uma cerimônia com a presença de todas as mulheres da Irmandade, que tinham chegado durante o dia. Estávamos sentadas fumando o cachimbo sagrado da Irmandade dos Escudos, entoando preces pela cura dos diferentes aspectos da Mãe Terra. Era a primeira vez em muito tempo que nos reuníamos todas e passávamos vários dias nos reaproximando e falando sobre nossas famílias, nossas aprendizes e o trabalho que estávamos realizando. Estava claro para mim que tínhamos nos reunido durante a lua minguante, especialmente nesse ano, para uma cerimônia de encontro com a figura da grande deusa, a Mulher no Limiar de Dois Mundos. Ela era a deusa da qual ouvia falar desde que fora iniciada na Irmandade dos Escudos. Conforme Agnes tinha me explicado, era a grande deusa de todas as mulheres, passando pela experiência da menopausa.

Para minha grande surpresa e entusiasmo, a aprendiz de Zoila, Olívia, de Solola, na Guatemala, estaria realizando a mesma passagem que eu. Realizaríamos juntas a cerimônia. Era a primeira vez na minha história com a Irmandade dos Escudos que eu compartilharia a cerimônia com outra mulher que, como eu, também estaria sendo iniciada. Eu sempre realizara sozinha as outras passagens ou travessias. Estava entusiasmada por ter mais uma mulher passando pela mesma experiência com quem poderia conversar. Olívia tinha mais ou menos 1,60 m de altura e parecia afetuosa e amável. Seu corpo era forte e roliço e ela se movia com surpreendente poder e graça para alguém tão baixa. Tinha longos cabelos negros e lisos, com alguns fios grisalhos, que normalmente usava trançados. Usava o tradicional *huipile* e uma saia do tipo jeans com aplicação de retalhos coloridos. Ela costumava andar descalça ou com sandálias, e sua postura era normalmente plácida, serena e reflexiva, como o magnífico lago xamânico, Atitlán, em volta do qual passara toda sua vida.

Lembrava-me do lago Atitlán ao pé dos vulcões. A primeira vez em que trabalhei com Zoila e José na Guatemala e no Yucatán, quando escrevi o livro *Jaguar Woman*, passava horas sentadas à beira do lago observando nele meu reflexo e o das nuvens acima. Ficava sentada lá até anoitecer, e contemplava os rochedos que desciam de Solola até Panahachel. Às vezes um ônibus ou caminhão de turistas voltava a subir até o altiplano que levava a Antigua. Mas eu ficava ali para ver os fogos dos xamãs acenderem-se nas cavernas acima do lago. Naquela época ainda não podia participar das cerimônias. Só após o meu trabalho com Agnes e Ruby, passei a ser convidada a entrar nas cavernas transformadoras da cura e do poder. Sentada à beira do lago, sentia como se as estrelas tivessem caído do céu, aterrissado e se espalhassem brilhando e cintilando nas encostas dos rochedos acima de mim. Zoila havia me dito para não nadar no lago depois das quatro horas, porque volta e meia o vulcão acomodava-se e provocava uma onda de maré no lago que afogava quem estivesse nele. Era uma massa d'água muito traiçoeira, misteriosa e intrigante em suas escuras profundezas.

Ao olhar para Olívia, eu podia ver o lago Atitlán refletido em sua conduta. Não era uma mulher com quem se podia brincar. Eu percebia sua herança em cada movimento de corpo, a herança da antiga cultura maia, que tinha sido quase totalmente destruída pela civilização ocidental. Felizmente, na Guatemala os índios podiam viver em suas aldeias e adorar seus próprios deuses e deusas ao lado das divindades católicas. Mas eu podia perceber o mistério, os segredos ocultos em Olívia por causa da maneira como tinha sido criada. Não era permitido aos xamãs reunirem mais de umas poucas pessoas por vez para uma sessão de cura. Punia-se com a morte caso mais de cem pessoas se reunissem nos grandes altares de pedra sagrados, "as faces da terra", sobre os quais os xamãs colocavam suas oferendas sagradas e orações. Observava aquela mulher de uma certa distância no início, pois não a conhecia. Queria antes conhecê-la de uma maneira mais sutil.

Certa manhã, estava sentada na varanda de Ruby falando com ela sobre a vinha de *squaw* e as outras ervas que tínhamos encontrado no dia anterior.

Da clareira surgiu Zoila, vestida com uma blusa de algodão branco de camponesa, um xale de tecido em amarelo e vermelho, uma saia da Guatemala e sandálias. Ao seu lado vinha Olívia, usando um vestido de fino algodão branco do Yucatán, bordado com figuras aqui e ali. Seus longos cabelos negros estavam presos na nuca. Seu rosto brilhava com uma qualidade juvenil de inocência e também um grande poder, caso se olhasse atentamente em seus olhos. Ela pareceria ter trinta anos, pensei, não fossem os poucos fios grisalhos em volta da coroa da cabeça. Veio em minha direção com passos firmes. Ela e Zoila traziam um cesto de frutas. Depuseram-no na varanda e ajoelharam-se nos degraus, sorrindo. Zoila nos apresentou.

"Lynn, minha filha, que trabalha há muito tempo com todas nós e que mora em meu coração, quero que você conheça e celebre minha aprendiz, minha filha Olívia."

Eu estivera esperando por elas. Sentada diante de Olívia, dei-lhe os prendedores de cabelo ornados que guardara para ela. Nos abraçamos. Olívia expressava-se mal em inglês, enquanto eu me debatia com o quíchua e o espanhol, mas isso parecia não importar. Era evidente que nós nos entendíamos sem palavras.

Ruby veio sentar-se conosco na varanda. Ela pegou o cesto de frutas e colocou uma maçã contra o sol. "Que o sol lhe dê energia", ela disse, segurando a maçã contra o sol e acariciando-a como se fosse um cachorrinho. Deu uma grande mordida na maçã, estalando os lábios e mastigando-a vorazmente com grande prazer. Ela ofereceu-me a maçã. Dei uma mordida e ofereci-a a Olívia. Nos tornamos amigas instantaneamente.

Lembrei-me de quando conheci o clã sagrado na Austrália, com Ginevee, como todas tínhamos nos despido, como era costume entre elas, nos abraçado e nos tornado íntimas, não sexualmente, mas percebendo o corpo físico umas das outras, bem como o espírito de cada uma. Segurei as mãos de Olívia nas minhas. Acariciei seus dedos e examinei as palmas de suas mãos. Eram fortes e grossas de trabalho duro, calejadas como as de um homem. Sorri. Ela sorriu de volta para mim ao olhar para as minhas mãos, notando como eram diferentes. Ela sentiu os calos nos dedos da mão que uso para escrever. Rimos de nossas diferenças. Ela beliscou meu ombro e eu belisquei uma pequena saliência de carne acima da cintura dela. Rimos e nossas mestras riram conosco.

Zoila levantou-se. "Hoje, minhas filhas, vocês vão entrar na morada da lua."

"Morada da lua?", perguntei.

"Sim, a morada da lua minguante. É diferente de qualquer morada em que vocês já entraram. É uma cabana de salgueiro no bosque. Hoje, você e Olívia vão passar a noite lá, farão juntas uma transpiração purificadora e compartilharão seus espíritos. Vocês falarão de suas experiências e de seus medos, do que é passar por essa iniciação. Vocês compartilharão tudo o que houver em seus corações para ser compartilhado. Gostaria que vocês se preparassem agora. Vocês estão em jejum há dois dias. Peguem seus objetos sagrados, Lynn. Peguem o tambor e o que for necessário para orar e sentirem-se à vontade. Levem seus cobertores. Nós nos encontraremos lá embaixo, junto do riacho, quando o sol estiver se aproximando do horizonte. Uma hora depois, Agnes, Ruby e eu descíamos em direção ao riacho Dead Man. Vi uma cabana de salgueiro, aninhada entre os álamos. Não ficava longe das margens do córrego que corria sinuosamente, lento e feliz ao pôr-do-sol, refletindo prismas de luz corde-laranja e púrpura no ar do norte. Entramos na cabana de transpiração junto ao rio e oramos com nossas mestras até a lua estar alta. Então, todas nós seguimos Agnes trilha acima. A morada da lua minguante não era diferente da morada dos meus sonhos, feita de salgueiros, coberta com cobertores sagrados de todas as cores, vermelhos, azuis, pretos e cinzentos. Havia cobertores navajos, da América do Sul, do Peru e do Equador, do Nepal e do Tibete, da América do Norte e da Europa, que representavam as mulheres que se reuniam ali, vindas de todas as partes do mundo, para prestar-nos homenagem e ajudar-nos em nossa passagem.

Juntas, eu e Olívia separamos dois cobertores pendurados sobre a entrada. Um deles era da Guatemala e o outro de Two Grey Hills, no sudoeste. Percebi que um cobertor representava o continente de onde eu tinha recebido minha iniciação e o outro, o país de Olívia. Havia uma fogueira queimando, com brasas cintilando como os olhos de um gato, no interior escuro da cabana. Cestos sagrados com os símbolos da mulher, de cereais e da chuva trançados neles, tambores, cobertores, embrulhos de capim seco, galhos de cedro e junípero, muitos sacos ornamentados e várias ervas amarrados com cordões vermelhos estavam pendurados nos esteios da cabana. Havia duas cabaças diante do fogo, dispostas de maneira especial. Cada pedra tinha sido colocada cuidadosamente, uma diante da outra, cada uma representando orações das mulheres por nossa jornada.

Sentei-me no lado oeste do fogo, mantendo a posição de poder que aprendi tão bem. Diante de mim, a leste, estava Olívia, nitidamente uma mulher do leste, uma mulher de visão, que dança seu poder no mundo, também muito misteriosa. Uma boa parte de seu poder e sabedoria são ocultos, para que ela possa sobreviver num país que não permite que as mulheres tenham poder a não ser em situações prescritas. Agnes e Ruby estavam com seus chocalhos de mãe e seus chocalhos celestiais, chocalhando-os, e em um bramido como a água de uma cachoeira disseram orações enquanto as acompanhamos. Em seguida, cantamos. Logo, Agnes, Ruby e Zoila nos deixaram, saindo pela porta protegida por cobertores da morada da lua.

Peguei as cabaças, cada uma com cerca de vinte centímetros de diâmetro, que tinham sido colocadas diante de nós em nosso círculo. Passei uma para Olívia. Elas haviam sido cortadas a cerca de três quartos da altura, de maneira que havia uma tampa. Abri-a. As cabaças tinham sido incensadas e benzidas.

"Essas cabaças são como o Cesto do Matrimônio", Agnes havia dito. "A cabaça representa o seu útero. Coloque suas preces e a mágica de seu espírito dentro dela. Posteriormente, você a pintará e despertará os guardiões que a protegem."

Nós as benzemos com salva, capim e cedro fresco que havíamos preparado para o ritual. Supliquei ao Grande Espírito e à Mãe Terra que me ouvissem, que escutassem minhas preces e que me assistissem em minha jornada. Invoquei meus animais tutelares. Pedi orientação e discernimento a todos os meus ancestrais e a todos que me amavam.

Olívia acendeu velas em volta do fogo. O interior da cabana estava muito escuro e podíamos ver a lua minguante acima de nós através da saída para a fumaça e do céu azul da meia-noite. Pegamos nossas cabaças e as erguemos para os pais celestiais e as baixamos para a Mãe Terra e todo o mistério desvaneceu-se de nossos semblantes, como se uma cortina tivesse sido aberta. Colocamos as cabaças no colo e ficamos conversando.

À nossa frente havia dois potes de argila vermelha, colocados ali por Ruby. Ela havia dito: "Os ensinamentos da Mulher no Limiar de Dois Mundos provêm das palavras e do sangue da Mãe Terra. Portanto, peguem essa argila vermelha ao proferirem suas verdades uma para a outra, peguem um pouco de água deste balde e façam um símbolo de argila com os dedos para cada idéia que proferirem. É simples, é o costume antigo e no princípio era como as crianças eram feitas. Coloque cada figura no bojo da cabaça. Elas conservarão sua força vital feminina. Mais tarde, vamos colocá-las no brilho masculino do sol para tornarem-se fortes, porque a verdade é sempre um equilíbrio de energias, mesmo nas cerimônias da lua minguante."

O rosto de Olívia tornou-se subitamente vulnerável e aberto, sem reservas, e não há como qualificar suas palavras. Mesmo sua voz se alterou e mudou de tom enquanto ela falava do fundo do coração. "Agradeço-lhe, minha irmã, por estar comigo nesta ocasião", disse Olívia. "Tem sido difícil para mim, porque sei que não posso mais ter filhos e isso é importante em minha cultura — ser fértil, gerar

187

filhos homens para cultivar os campos para que possamos viver."
Olívia criava uma pequena figura de argila com os dedos enquanto falava. "Não posso mais ter filhas para me ajudarem a tecer, colher o milho, fazer roupas para vender no mercado de Chichicastenengo. Tenho medo, irmã. Meu útero foi removido cirurgicamente. Tinha um tumor benigno. Essa fase do sangue sábio veio-me tão de repente que não pude preparar nem minha mente nem meu coração." Simultaneamente, senti a máscara de força e poder se desvanecer de minha própria face. Eu me senti confortável com minha própria vulnerabilidade, honestidade e clareza. "Sinto-me ansiosa, minha irmã", eu disse, "não pela perda da fertilidade, mas porque sei que não me resta mais muito tempo e oro para que tenha condições de continuar meu trabalho." Estendi a mão para a argila úmida e, pegando uma pequena quantidade, comecei a trabalhar com ela. "Oro para que, ao longo da trilha de sabedoria desse processo de envelhecimento, eu, como avó, ainda seja ouvida. Minha cultura tende a não reconhecer suas avós. Eu espero que as pessoas com as quais trabalho, que lêem minhas palavras, entendam que a sabedoria está contida nos mais velhos. Em minha sociedade, em meu mundo, os velhos não são respeitados como deveriam, Olívia. A juventude é a verdade no meu mundo."

Olívia assentiu com um aceno de cabeça. Isso também era verdade, em parte, no seu mundo. Ofertei fubá à Grande Mãe e coloquei-o no bojo da cabaça juntamente com uma minúscula figura de argila. Peguei um pouco mais de argila e Olívia fez o mesmo.

"Temo que este trabalho, que é tão importante e poderia curar a terra com sua consciência feminina, não seja muito bem recebido se eu for uma velha, se perder minha beleza", eu disse relutantemente, percebendo pela primeira vez que realmente sentia esse medo.

Olívia riu com minhas últimas palavras e balançou a cabeça dizendo: "Sim, irmã, eu entendo. Meu marido já está de olho nas mulheres mais jovens".

"Não é interessante", perguntei, "visto que justamente agora na meia-idade é que marido e mulher precisam mais um do outro? É agora que a aliança torna-se realmente uma amizade profunda, porque precisamos de ajuda e apoio. Precisamos dar assistência. Precisamos do tipo de amor e atenção que resultam dos relacionamentos duradouros, relacionamentos que se provaram ao longo do tempo e mostraram-se fortes. Tememos ainda a ausência da sexualidade. Os homens temem por sua virilidade; as mulheres pela sua fertilidade e beleza. Na realidade, é um alívio, de certa maneira, poder finalmente viver de maneira diferente."

Olívia riu de modo parecido com Agnes, batendo nas coxas, muito livremente, enquanto falávamos noite adentro. Não há nenhum poder retido em sua garganta, pensei, sorrindo de volta para ela e desfrutando de nossa comunhão.

"Sabe, irmã", disse Olívia, "falando com você, eu começo a perceber que talvez meus medos não sejam tão importantes." Concordei com ela. "É verdade. Em meu país as pessoas gastam fortunas em terapia, porque o estresse é enorme."

"Sim", disse Olívia, "como vocês conseguem viver em carros e prédios tão acima do chão, tão longe da Mãe Terra, tudo encoberto de cimento? Como vocês conseguem viver sem sentir a Mãe Terra sob os pés descalços?"

"Ah, é muito difícil, Olívia. Quando retorno do meu trabalho com as mulheres na selva do Canadá, do Tibete ou de qualquer outra parte, sinto sempre como se um casulo de material sintético envolvesse meu corpo quando entro na cidade. É como se eu perdesse parte de minha liberdade."

Ela balançou a cabeça, não entendendo perfeitamente a palavra *sintético*.

"Quando digo *sintético*", expliquei, "o que quero dizer é que estamos tão separados do que é real, do que é natural. Mas, infelizmente, para nós o natural é respirar um ar que já foi reciclado pelo sistema de ar-condicionado em nossos aviões e prédios, fechados, sem janelas que possam ser abertas. Vestimos roupas coladas à pele que não provêm da terra. Não são de seda, lã ou algodão natural, mas sintéticas, criadas pelo homem, por causa da insuficiência de materiais ou por sua produção ser menos custosa. "Há tantas pessoas no mundo, Olívia", eu disse, colocando outra pitada de fubá e outra figura de argila dentro da minha cabaça.

"Sim, minha irmã", ela disse com um rápido movimento dos braços. "Talvez seja melhor que eu não tenha mais filhos", ela riu. "Eu já tive sete, quatro meninos e três meninas, mas todos cultivamos a terra e tecemos para sustentar a família."

"É uma grande família", eu disse. "Tenho apenas uma filha e ela me é muito querida." Ofertei mais fumaça de salva, uma oração e outra figura por minha filha, para que ela fosse forte e encontrasse seu caminho no mundo com alegria e felicidade.

"Olívia, você foi criada de maneira tão diferente de mim. Você cresceu mais próxima da natureza, numa aldeia com toda a sua família em volta, numa situação quase tribal, com um senso do sagrado, com suas tradições. Você também viveu com um tremendo medo de que tudo isso lhe fosse tirado, mas você saiu-se tão bem, minha irmã. Posso ver que você aprendeu bem, que seu poder permanece intacto. Tive uma vida diferente da sua, nas cidades do mundo. Felizmente, durante os primeiros anos de minha vida vivi numa pequena fazenda na região leste do estado de Washington. Tínhamos cavalos e animais e, apesar de minha família ser extremamente desunida e eu não ter nem irmãos nem irmãs e ser muito sozinha, eu tinha minhas amigas índias da região de Spokane que me deram muita força quando eu era pequena. Mesmo vivendo hoje nas cidades, não esqueço a terra. Não esqueço da sensação do vento norte em meus cabelos. Quando anseio por retornar aos fortes ruídos do vento nos pinheirais, sei que posso encontrar Agnes e Ruby no Tempo dos Sonhos, se elas não estiverem fisicamente presentes. Posso reviver essa experiência essencial e retornar ao meu centro.

"Olho para você através do fogo sagrado, minha irmã, e percebo que não somos tão diferentes. Nós, como mulheres, temos uma mesma compreensão do que é real e do que é verdadeiro para alimentar a vida, qualquer que seja a maneira de fazê-lo, e para alimentar nosso próprio espírito. Sinto que temos responsabilidade, Olívia, de vivermos de uma maneira que fortaleça o espírito em nossa vida, para que, se o mundo cair em maior depressão ecológica e econômica, continuemos vivas para ensinar. Essa é nossa responsabilidade e é por isso que trabalhamos juntas, para preservar o antigo modo sagrado de ser mulher. Vejo que somos de um mesmo espírito e que, em certo sentido, você e eu nem mesmo precisamos falar, porque há uma compreensão profunda em seus olhos e eu sinto seu amor, Olívia. Sinto sua dor, porque ela é minha também. Entendo também que não posso carregar sua dor, como tampouco você pode carregar a minha."

Depois de colocar outra pitada de fubá em minha cabaça, acendi alguns incensos de copal e ervas. Inspirando longamente da mistura especial de ervas, dei um sopro nas quatro direções e pedi orientação ao Grande Espírito que vive dentro de nós. Em seguida, ofereci minha cabaça e a fumaça à Mãe Terra. Olívia pegou sua cabaça na mão esquerda e uma de suas muitas figuras de argila na mão direita. Ergueu-as para a Lua, cantou e orou em quíchua com lágrimas escorrendo pelo rosto. Toquei o tambor que me tinha sido dado e por Agnes Alce que Uiva. Era o meu tambor pessoal e com ele aprendi a orar e a cantar ao modo da Irmandade dos Escudos. Percebi que Olívia sentia o amor e o poder que viviam no interior de meu tambor. Entoamos juntas um canto que nos fora ensinado pela Irmandade. Ele fala do poder sagrado da mulher. Olívia e eu, de olhos fechados, giramos no sentido horário numa dança ao redor do fogo, reverenciando as quatro direções. Em seguida, segurando as cabaças com uma das mãos em postura de reverência junto ao coração e, com a outra, uma figura de argila erguida em direção à Lua,

190

cantamos suplicando bênçãos e discernimento. Reacendendo a salva e o capim, benzemos nossas cabaças repletas de símbolos de argila vermelha e de palavras saídas do coração. Faz parte de nossa tradição que junto do fogo sagrado apenas a verdade seja dita. Conversamos sobre nossos filhos e nossos sentimentos, até tarde da noite, felizes e exaustas. Conversamos com expectativa e entusiasmo sobre nossa iniciação com a Mulher no Limiar de Dois Mundos que aconteceria na cerimônia da noite seguinte. Compreendemos ambas que essa era nossa última noite no primeiro círculo do poder. Quando passássemos pela porta da Mulher em Transformação, nossas vidas se transformariam para sempre numa realidade diferente. Por fim, nos enroscamos em nossos cobertores e dormimos pela primeira vez na morada da lua minguante.

19

A MULHER NO LIMIAR DE DOIS MUNDOS

Eu estava sentada no centro de um grande círculo, com a fumaça de cedro queimando no fogo sagrado flutuando à nossa volta como um dragão adormecido. Todas as mulheres da Irmandade dos Escudos estavam presentes. Os magníficos escudos redondos pintados — alguns de origem antiga com salpicos de relâmpagos, símbolos dos senhores do trovão e deuses da chuva portando penas de águia e cabaças ornamentadas — estavam expostos sobre tripés atrás de onde estávamos sentadas. A cerimônia já durava muitas horas, tocávamos nossos tambores xamânicos, fumávamos nosso cachimbo cerimonial, conversávamos uma vez ou outra. Por vezes, a aurora boreal, visível nesta parte do extremo norte do Canadá, riscava o céu, como pulsações em laranja e rosa e, às vezes, como lampejo dourado.

Éramos 44 e tínhamos feito uma pausa para meditarmos e passarmos silenciosamente ao nosso centro de força. De um ponto dos álamos, afastando-se para o norte e descendo na direção do riacho Dead Man, chegou um som extraordinário, um rugido primal que transformou-se num urro ensurdecedor. Jamais tinha ouvido qualquer animal urrar daquela maneira. Olhamo-nos todas, e, em seguida, olhamos em direção às árvores, de onde uma sombra gigantesca saía da escuridão. A sombra era um monstro, alto e com a forma de um homem enorme, vindo em nossa direção através da névoa enfumaçada. Quando o fogo chamejou, pudemos ver que uma enorme ursa polar estava postada sobre suas patas traseiras, espumando pela boca e rugindo como se alguma de nós tivesse ameaçado sua vida.

195

A mulher conhecida como Mulher Jaguar começou a tocar seu tambor e as outras a seguiram. Eu peguei meu tambor, mas parecia incapaz de me mover, em meu terror. As batidas de tambor ressoavam cada vez mais alto e o som começou a mover-se de modo direcional do sul para o oeste, dali para o norte e do norte para leste, elevando-se em espiral e transformando-se num som hipnotizante. Eu não conseguia entender por que todo mundo continuava a tocar os tambores enquanto o enorme vulto branco prateado da ursa, obviamente feroz e furiosa, entrava em nosso círculo. Sempre tive um solene respeito e um senso de reverência para com as grandes ursas maravilhosas do oeste na roda sagrada, mas também tinha um enorme respeito pela capacidade delas de matarem com um golpe de sua pata gigantesca.

Suas garras cintilavam à luz do fogo. Seus dentes estavam expostos e uma espuma escorria-lhe da boca sobre sua pele branca reluzente. Ela balançava-se ao luar como se, de alguma maneira misteriosa, tivesse sido tocada pelo som de nossa magia, como se esse fosse o seu lugar, dentro de nosso círculo, em resposta ao chamado vibrante como um coração pulsando no interior de nossos tambores. Ela andava sobre as patas traseiras, arranhando o céu com suas patas dianteiras, jogando a cabeça de um lado para outro. Ela virou-se completamente e caiu sobre as quatro patas agitando a cabeça num aparente ataque de fúria cega.

A Irmandade continuou a tocar os tambores. O som era uma sucessão de batidas que se misturavam, transformando-se no mais incrível conjunto de música primitiva que penso ter ouvido em toda minha vida. O ritmo era extraordinário e cada mulher parecia estar tocando em compasso e complementação com a mulher sentada a seu lado. Era um ritmo complexo e diferente de tudo o que tocávamos normalmente. Às vezes, minha mão acariciava meu tambor e, por um instante, eu lembrava de tocá-lo. Em seguida, minha consciência girava em minha cabeça com o ritmo. Parecia que eu estava me movendo entre o sonho subconsciente e a realidade consciente. Acho que o terror me impedia de desfalecer ali mesmo imediatamente. Sabia, instintivamente, que não podia sair correndo, que de alguma maneira o que estava acontecendo com aquela grande e tremeluzente ursa branca tinha que acontecer.

Ela ergueu-se novamente sobre as patas traseiras, com seu pêlo espesso se arrepiando em ondas, e fez toda a volta do círculo olhando nos olhos de uma mulher após outra. Algumas das mulheres estendiam as mãos para ela, destemidas, como se aquela grande ursa, aquela extraordinária criatura urrante fosse apenas uma miragem e não um animal feroz que pudesse atacá-las a qualquer momento. A ursa virou-se novamente, quase rodopiando, à medida que as batidas de tambor se aceleraram. Então, com um movimento brusco, ainda mantendo-se equilibrada sobre as patas traseiras, ela veio em minha direção. Fixou seu olhar feroz em mim, enquanto seus veneráveis olhos dourados refletiam a luz das chamas. Meu terror era tão profundo que eu não conseguia fugir, embora o desejasse. Nessa altura, não sei se mantive-me consciente ou se fui presenteada com um belo sonho instrutivo. Contudo, vivenciei os eventos que se sucederam e vou relatá-los a você.

Subitamente, com a dignidade não de uma ursa, mas de uma deusa, ela abaixou-se e senti suas garras, suas enormes garras, em volta de minha cintura. Ela ergueu-me para o ar. Gritei, mas não saiu nenhum som. Fiquei rígida de pânico e terror. Eu sabia que aquilo era curativo, que eu deveria entender o que estava acontecendo, mas meu pânico dominou-me e fiquei rígida como uma vara cerimonial em suas garras. Ela ergueu-me como eu tantas vezes vira Agnes erguer seu cachimbo sagrado ao sol nascente. Ela ergueu-me para a lua minguante e virou-me para as quatro direções.

Então, ouvi uma voz. Não sei de onde ela provinha. Podia ser da grande ursa. Não importava. A voz era feminina, forte e, de certa forma, me era reconfortante. Eu continuava erguida pela ursa no centro do círculo de fogo, como se estivesse sendo ofertada aos deuses em algum tipo de sacrifício ou rito de passagem. O terror que tinha me tomado inteira começou a deixar meu corpo, como a água sendo despejada de um jarro. Ela então disse-me: "Neste sonho sagrado que chamamos de vida, há alguém sonhando você. É hora de você entrar na grande caverna do oeste e conhecer a sua sagrada sonhadora, a Mulher no Limiar de Dois Mundos".

Quando percebi, já estava sentada sobre uma pele de alce, diante de um pequeno fogo no chão de uma caverna em forma de útero. Diante de mim estava uma figura alta e esbelta envolta em véus brancos, sentada sobre uma manta vermelha indígena. Eu não conseguia ver sua face. Estava assustada, mas olhei para ela, tentando descobrir a identidade da pessoa por trás dos véus. Ela não me disse nada. Eu sabia que era uma mulher. Sentia sua feminilidade. Então, olhei para o chão da caverna e vi ali inscrições, símbolos e linhas traçadas por todos os lados. Eles brilhavam e eu percebi que as linhas eram feitas com mica, reluzindo e dançando à luz do fogo. Nas paredes das cavernas havia nichos com velas, iluminando a caverna com uma luz quente. Sacos de ervas, chocalhos, antigos escudos, tambores e embrulhos sagrados de todos os tipos estavam pendurados no teto. Era uma caverna extremamente mágica.

"Olhe atentamente para os símbolos no chão", a voz feminina atrás dos véus disse-me suavemente.

Comecei a olhar para os símbolos e descobri com espanto e surpresa que eram meus próprios símbolos, símbolos que eu tinha criado em minha vida e em minha cabaça. Vi cavalos, por exemplo. Os cavalos simbolizavam a liberdade, o crescimento, o poder e a beleza. Vi cavalos por todos os lados e, então, percebi que o chão tinha sido dividido em peças, como de um quebra-cabeça, e que à minha esquerda encontravam-se os símbolos de minha primeira infância. Ao olhar para os símbolos, levantei e caminhei ao redor deles excitada, dizendo: "Mas esta é a minha infância". Ao expressar esses sentimentos, as palavras que eu dizia formavam imagens reais à minha frente. Tudo o que eu pensava, que eu dizia, subitamente surgia em imagens diante de meus olhos.

"Não tenha medo", a mulher disse. "Entre simplesmente no processo mágico que está diante de você, exatamente como faz na vida. Aceite o que vier e não tenha medo. Você cria o que você pensa."

E, de fato, eu não estava com medo. Eu não era mais a pessoa que tinha entrado na caverna. Era diferente. De repente, tudo surgiu diante de mim como um holograma de luz — cada pensamento e cada palavra. Gostaria de poder explicar a força da experiência. Imagine que você pensa em sua mãe e, de repente, ela está à sua frente radiante de luzes e que, então, você passa a pensar em comida e a comida surge diante de você. Cada imagem de minha mente existia em tamanho natural, com todos os detalhes, diante de meus olhos. Subitamente, a caverna encheu-se de formas materializadas de pensamento e eu compreendi pela primeira vez em minha vida quão atravancadas são nossas mentes. Eu podia perceber como a tagarelice de meu cérebro enchia minha vida de confusão e distraía-me do que era realmente verdadeiro e necessário.

"Esta é a primeira lição do portal", a mulher disse, ainda atrás do envoltório de tecido branco tremeluzente. Ela estava lendo a minha mente e suas imagens, exatamente como eu via meus pensamentos surgirem diante de mim em forma de imagens.

Inspirei profundamente e tentei clarear a minha mente, deixar meus pensamentos se desvanecerem para que eu pudesse começar a examinar o quebra-cabeça no chão. Andei em volta com cuidado, sentindo a maciez da terra sob meus pés. Fui até uma peça do quebra-cabeça que representava minha vida em Massachusetts, quando tinha cerca de quatro anos de idade.

Vi-me caminhando entre pés de milho com meu pai e ouvi a voz de minha mãe chamando da cozinha. A cena trouxe à tona uma enorme dor dentro de mim, a dor de perder a família, a experiência da perda. Minha mente passou para Seattle, Washington. Vi o lago Washington à minha frente e a baía de Meydenbauer, onde tinha passado tantos de meus dias de infância. Vi os pinheiros altos e senti o vento em meus cabelos. Sentei-me na extremidade da doca e senti-me ora triste, ora em êxtase. Percebi que por toda a minha vida, e pela primeira vez vi isso claramente, minha mente afastara-me de minha própria felicidade, de minha alegria, do extraordinário êxtase que vive em meu espírito. Minha mente sempre me afastara dessa experiência, minha mente dominada pelo ego com suas dores e preocupações. Compreendi que é da natureza das pessoas experienciar isso. Sentia-me grata e ajoelhei-me sobre aquela peça do quebra-cabeça que parecia ser o lago Washington e ofereci uma prece de gratidão ao Grande Espírito e à Grande Mãe Terra que estavam me ajudando a ver isso com clareza pela primeira vez.

"Quão simples é tudo isso na realidade", eu disse em voz alta. Diante de mim vi uma linda planície do deserto do Arizona. Ela representava a simplicidade para mim. Eu ri e a mulher encoberta tirou uma camada de seu véu e a sombra de sua face tornou-se mais nítida. Pensei comigo mesma, como somos tolos, nós seres humanos, para complicar a vida tão genuinamente simples. Basta permanecer com a essência do ser. E comecei a rir como jamais tinha rido. Pensei na velha índia kuna, Gêmeas Sonhadoras, que mudava de forma e, de repente, ela surgiu diante de mim — Gêmeas Sonhadoras com seus cabelos presos em nós, como galhos apontando para todas as direções, os dedos ásperos batendo-me no ombro, oferecendo-me sabedoria e encorajamento.

"Gêmeas Sonhadoras, você cura com humor. Você me ensinou muitas coisas e ainda me ensina tanto. Por que é que eu me levo tão a sério?"

Gêmeas Sonhadoras deu palmadas nos joelhos e riu, dizendo: "Porque você se acha muito importante". E eu ri com ela, porque era verdade.

"Retidão", a dama encoberta disse, "com auto-exigência excessiva."

"Sim", respondi, "sempre tive a necessidade de estar certa, não é mesmo? Queria tanto de alguma maneira chegar à verdade."

Gêmeas Sonhadoras riu estrondosamente ao ouvir minha afirmação. Ela beliscou minha face e disse: "Lobinha, somos todos tão importantes e não somos nada. Diga, 'Eu não sou ninguém', minha filha".

Respirei fundo e disse: "Eu não sou ninguém".

De novo Gêmeas Sonhadoras gargalhou ruidosamente. "Viu", ela disse, "e é verdade. Você é tudo e não é nada. Ao passarmos pelo portal da iniciação", ela disse, "você vai começar a perceber a importância de sua desimportância."

Inspirei profundamente. Parte de mim queria resistir ao que ela estava dizendo, porque meu ego ainda queria sentir-se importante. Voltei a olhar para o quebra-cabeça no chão. Gêmeas Sonhadoras foi até uma certa peça, batendo com sua bengala para chamar minha atenção. Ela balançava a cabeça, girando-a feito uma coruja, à espera de minha atenção. Fui até a peça do quebra-cabeça que ela estava me indicando e vi meu pai e minha mãe, conforme eu os via quando pequena. Vi-os brigando como tinham brigado tantos anos antes, meu pai furioso, assustando-me, deixando-me morta de medo. Gêmeas Sonhadoras começou a gargalhar. Compreendi algo que achava difícil explicar para mim mesma, que de alguma maneira essa lição sobre meus pais era uma lição para toda a minha vida e, em essência, que achamos nosso condicionamento particular tão importante para o que somos ou nos tornamos. Eu havia experienciado tensão quando criança e relacionava esse sentimento com amor. Percebi que inconscientemente procurava estados de tensão como adulta para recriar aquele sentimento distorcido que eu julgava ser amor, como uma criança que apanha e quando cresce casa-se com alguém que bate nela. Isso não é apenas familiar. A surra, de uma maneira confusa, produz uma emoção que achamos que é amor. Passamos tantas horas do dia, tantas horas de nossas vidas, recriando o condicionamento da infância.

"Quando você reage, está morta. Quando você age, está viva", Gêmeas Sonhadoras disse enquanto apontava para outra peça do quebra-cabeça em que vi a imagem de um nó, sendo apertado, rangendo de tão apertado e pensei, sim, você tem razão, é tensão. Tensão era a minha experiência da infância, tensão e medo.

De repente, vi-me oscilando na beira do Grand Canyon, com as pontas dos pés na beira do precipício, perigosamente prestes a cair no abismo. Eu ri. "Sim, sinto-me, com freqüência, à beira do abismo", disse.

Gêmeas Sonhadoras riu também e disse: "Veja, veja que lição é esta, minha filha. Você acedita nela, não? Mas a vê? Veja à sua frente as ilusões da luz. Elas não são reais?".

Olhei para as imagens da minha infância, uma após outra. Disse: "Sim, elas são reais. Elas *são* reais".

De repente, vi imagens de raiva no lado norte da caverna. Vi fogos incendiando prédios, homens e mulheres gritando, saqueando, furiosos pelas ruas, destruindo sua cidade. A raiva em todos nós pelas desigualdades que acreditamos ser tão reais que, de fato, são reais. A dor é sentida, mas ela é sentida por causa de nossas atitudes perante a vida, de nossa incapacidade de entrar em contato com nossa própria verdade sagrada. Vi isso e percebi como as palavras são inadequadas para descrever tal sentimento. Não há palavras; não há palavras para se descrever o que é real e verdadeiro.

Gêmeas Sonhadoras aproximou-se de mim e deu-me um abraço. Senti o cheiro de cedro em seus cabelos, o sopro de vento envolvendo-nos com o perfume dos pinheiros e os picos das montanhas altas onde ela vivia a maior parte do tempo. Então, tão rapidamente como tinha aparecido diante de mim, ela desapareceu e eu me coloquei de quatro e examinei o resto do chão da caverna, as imagens de minha infância, minha adolescência, toda a minha vida adulta, meus casamentos, dores e alegrias. Vi o nascimento e a vida de minha linda filha. E ri. Um riso que não era por nada nem de ninguém, mas pelo entendimento do lugar de todas as coisas, a ordem e os ensinamentos que tinham feito parte do início de minha vida.

Finalmente, voltei para junto do fogo e sentei-me do outro lado da mulher encoberta. Senti a necessidade de ficar em silêncio, de meditar. Eu havia sido purificada de alguma maneira e, quando pensei nisso, a mulher levantou-se do outro lado do fogo e veio, no sentido horário, em minha direção. Pegando-me pela mão, ela me fez levantar.

"Retire meus véus", ela disse. Ergui-me lentamente, com as mãos tremendo. Senti o tecido fino e leve, macio como seda entre meus dedos e, excitada, ergui lentamente o véu e ajeitei-o atrás da cabeça da Mulher no Limiar de Dois Mundos. No começo, o brilho de sua face cegou minha visão. "Acalme a sua visão", ela disse. "Não se desfaça de seu poder — lembre-se de quem você é."

Ela era a mulher mais extraordinária que já tinha visto. Não era jovem nem velha. Não saberia dizer sua nacionalidade. Ela parecia abarcar tudo o que é feminino. Seu rosto era lindo de se olhar. Ela usava uma grinalda de flores em volta da cabeça. Mostrava inteligência em seu olhar. Estava vestida de maneira simples com roupas soltas que pareciam capturar as luzes dourada e prateada do Sol e da Lua. Era como um anjo para mim, senti um amor extraordinariamente profundo por ela e vindo do seu coração. Ela pôs seus braços à minha volta e abraçou-me, como eu tinha imaginado muitas vezes a Grande Mãe envolvendo-me em seus braços. Senti um conforto como nunca tinha sentido. Foi então que, pela primeira vez, entendi a necessidade de ser confortada, enquanto atravessava este portal e sabia que ela percebia todas as minhas forças e fraquezas.

"Quando seu coração bate, é a pulsação do coração da Grande Deusa Mãe. Você é a única, e você é uma com tudo o que vive. Quando respira, é o Grande Espírito que respira. Quando você sofre, é o Espírito da Deusa que sofre. Quando você sangra, é a Mãe Terra que sangra e quando você retém seu poder e seu sangue, é o Espírito da Deusa de sangue sábio que se integra em seu interior. Você é uma sábia agora. Leve a experiência que teve comigo e encha o bojo da cabaça sagrada de suas irmãs com nova sabedoria e o conhecimento de um modo de vida melhor.''

Permanecemos juntas por algum tempo e, então, ela afastou-se de mim e colocou sua mão em meu ventre, dizendo: "Você leva dentro de si o antigo cesto do matrimônio, o antigo pote de barro, a antiga cabaça da fertilidade. É seu útero e dentro deste útero estão todas as possibilidades de criação".

A Mulher no Limiar de Dois Mundos ajoelhou-se e pegou uma linda cabaça. Era a minha cabaça, que eu tinha pintado com símbolos e na qual pendurara penas. Segurando a cabaça perto de meu ventre, ela disse: "Ela representa o novo aspecto de seu útero. É a antiga provedora da vida e portadora do sangue sábio no âmbito cultural das irmandades que sempre existiram nesta terra. Tome esta antiga cabaça e que ela seja o seu útero. Agora, olhe dentro dela''. Ela tirou a tampa e ergueu-a. "Que a cabaça ouça sua voz. Olhe dentro dela e veja o futuro. Não repita as iniqüidades do passado, pois o futuro contém toda a verdade para você.''

Olhei dentro da cabaça e vi imagens da vida — árvores, fortes e saudáveis, o deserto do Arizona e cidadelas de sabedoria, cactos gigantes, montando guarda sobre o chão do deserto. Vi os guardiães de meu próprio espírito, os grandes espíritos lupinos correndo livres nos territórios nórdicos. Quando olhei dentro da cabaça, vi o som de minha própria voz vindo de uma lagoa do norte. Vi a revelação de meu próprio espírito em paz e harmonia. Talvez pela primeira vez, em minha vida, tive uma sensação de segurança de afinal existir realmente alguém comigo, e esse alguém era a Mulher no Limiar de Dois Mundos.

"Forme uma irmandade", ela disse. "Forme uma irmandade de todas as mulheres, não importa de onde venham, quem sejam ou qual seja seu caminho de vida, quando você atravessa o limiar da Mulher em Transformação, você atravessa o limiar que todas as mulheres atravessam, e todas têm em comum; é o começo de sua vida sagrada e sua verdadeira irmandade na Terra.''

Com essas palavras, peguei a tampa da cabaça e recoloquei-a no lugar. Ergui-a, reverenciando a Grande Mãe e as figuras divinas que nos envolviam espiritualmente nessa caverna de iniciação. Em seguida, voltando-me para a grande guia, a grande mestra, a Mulher no Limiar de Dois Mundos, dei-lhe graças por tudo o que tinha me ofertado. Agradeci-lhe por seu conhecimento e sua sabedoria e prometi levar essa sabedoria e esse novo aspecto de meu útero gerador de vida para as minhas irmãs.

"Você ouvirá a minha voz, minha filha, e verá minha face em todas as coisas nomináveis e inomináveis. Ouça bem, pois estou aqui para você e para todas as que atravessem meu caminho." Sua voz era como um sussurro do vento à medida que ia desaparecendo lentamente de vista.

20

FOGO LUNAR

Vários dias tinham se passado desde nossa iniciação com a Mulher no Limiar de Dois Mundos e nossa cerimônia de despedida. Haviam sido dias de reflexão e longas caminhadas com minhas mestras. Em nossa última noite juntas, Agnes, Ruby, July, Olívia e eu estávamos sentadas em volta de uma fogueira numa clareira da floresta. A Lua surgia cheia e amarela por detrás dos altos pinheiros. Tocávamos nossos tambores e cantávamos em louvor à Avó Lua. Era uma cerimônia lunar dedicada ao poder das mulheres de sangue sábio. Eu ofertei a ela meu ciclo menstrual, o fim de meu ciclo lunar, minhas regras, conforme as tinha conhecido. Dançamos em volta da fogueira até tarde daquela noite, erguendo nossos escudos lunares, primeiro para a fogueira, reverenciando as chamas cujas labaredas, laranja e amarelas com lampejos de azul, elevavam-se e, em seguida, erguemos nossos escudos para a Lua, em reverência à avó transitando pelo céu, reverenciando a Avó Lua que vive no interior de nossos próprios corpos.

Já era quase alvorada quando cobrimos a fogueira com galhos úmidos de junípero e, em seguida, os retiramos para que a fumaça pudesse subir pelo ar da noite. Olívia e eu tínhamos depositado orações nas chamas para a Mulher no Limiar de Dois Mundos. Ela nos tinha introduzido muito bem nas cavernas sagradas da segunda vida. Nós a vimos e conhecemos de maneiras diferentes e mencionamos nossos encontros com ela apenas em sentido sagrado. Olívia tinha atravessado as dimensões de sua iniciação nas garras de uma águia. Ela estava exultante, porém, incapaz de contar-nos o que tinha acontecido. Observávamos a fumaça em busca de respostas às nossas preces e perguntas. A fumaça tomou formas cinzentas, de contornos emplumados sobre nossas cabeças e, em seguida, fez círculos à nossa volta, como enormes *kachinas* dançando numa visão. No centro do fogo havia uma cor de alfazema, indicando-nos a presença do poder. Subitamente, ela se deu a conhecer, com faíscas crepitantes das últimas brasas que apagavam.

De repente, pude ver a face da Mulher no Limiar de Dois Mundos — sua linda face de anciã, olhando para mim das nuvens de fumaça. Pude ouvir sua voz dizendo-me: "Minha filha, sua vida sagrada, seu verdadeiro caminho sagrado, acaba de começar".

21

RETORNO

Logo depois, excitada e cansada, dirigi por várias horas através das planícies varridas pelo vento até o aeroporto. Já era manhã quando tomei meu lugar no vôo para Los Angeles, exausta, tomando um refrigerante e comendo amendoins. O avião estava superlotado, com exceção da fileira de três assentos que eu ocupava. De alguma maneira consegui ficar sentada sozinha. Perguntava-me de onde vinham todas aquelas pessoas àquela hora da manhã. Três crianças pequenas sentaram-se bem à minha frente. Uma delas movia ruidosamente seu assento para a frente e para trás. As outras duas gritavam e batiam-se com chocalhos plásticos. Não havia ninguém tomando conta delas. Uma aeromoça extenuada estava de pé diante de mim dublando as palavras de uma voz masculina que vinha do alto-falante, dando instruções de vôo. Ela balançou um bocal amarelo preso a tubos plásticos transparentes que saltaram diante de meu nariz, derrubando meus óculos no chão.

"Desculpe. Oxigênio...", ela disse, continuando a gesticular as instruções.

"Preciso de um pouco", eu disse. Senti, de repente, uma contorsão violenta no estômago. O choque súbito causado por pessoas barulhentas e pela viagem aérea estava me afetando. Cheirei o dorso de minha mão na esperança de encontrar a fragrância de capim ou de cedro da fogueira, mas restava apenas o perfume de sabonete.

Um homem grisalho sentado na fileira ao lado espiou por cima de seus óculos de vidro grosso. Ele resmungou para mim, segurando uma brochura com letras garrafais à distância do braço: "Difícil engolir esta situação, não?".

Olhei para ele com os olhos vermelhos e inchados de quem não dorme há dias e grunhi como um animal, balançando a cabeça, enquanto ele voltava para sua ficção novelesca. Acalmados os ânimos, algo semelhante a uma densa névoa recaiu sobre mim. Tentando recuperar a sensação de júbilo e espanto diante dos maravilhosos mistérios da vida, pensei em cavalos e no Tsunami, o garanhão árabe que tinha visto em Phoenix, Arizona, fazia alguns meses. Era um dos cavalos mais bonitos e carismáticos que já tinha conhecido. Com expectativa o esperei aquele dia no estábulo, após anos sem vê-lo. Mas, em vez do grande garanhão de que eu me lembrava, o que surgiu diante de mim foi um cavalo fantasma que, por alguma razão, fez-me lembrar instantaneamente da atual situação do mundo, especialmente dos Estados Unidos. Tive vontade de chorar quando vi Tsunami. Seus olhos ainda brilhavam, seu espírito ainda era soberbo e forte, mas seu corpo, recuperando-se de uma grave operação do cólon, estava excessivamente curvado, fazendo com que suas pernas imperfeitas se abrissem ainda mais. Era como se elas tivessem piorado, como se não tivesse mais pernas para apoiar-se — como a nação americana, manca e degradada tentando recuperar-se da corrupção, tão perdida em tantos aspectos importantes que está perdendo sua estatura na comunidade mundial.

Tantas emoções e pensamentos atravessaram minha mente e coração enquanto observava aquele que fora um dia um grande garanhão. Devo ter parecido estranha parada ali balançando a cabeça. Na ocasião, achei que estava tão fora de equilíbrio por causa de meu caos hormonal que tudo fazia tremer minha escala Richter interior. Fiquei simplesmente sentada no corredor de poeira e serragem, olhando o velho cavalo arquear seu pescoço enquanto uma égua baia de olhos grandes espiava através da grade de metal de seu boxe. Tsunami guinchou um pouco e tentou empinar-se e endireitar os ombros, como se estivesse sugando heroicamente sua cilha, mas desistiu e dançou alguns passos. Meu Deus, pensei, é o que todos nós fazemos quando ficamos mais velhos — dançamos alguns passos.

Devo ter cochilado por horas, pois acordei não acreditando que estávamos aterrissando com um leve baque. Olhei através da vasta extensão de Los Angeles com suas casas, janelas de vidro iluminadas pelos raios de Sol, fumaça misturada com a névoa da tarde vinda do oceano, deixando um resíduo de fuligem escura, no qual eu estava entrando. As cerimônias das noites anteriores estavam profundamente impressas em meu coração. Perguntava-me se conseguiria passar a essência delas para as mulheres com quem trabalhava em Los Angeles. Enchi-me de expectativas e entusiasmo com a idéia de poder transmitir aquela antiga sabedoria às minhas irmãs.

212

Quando saí da área de retirada da bagagem, meus sentidos ficaram abalados pelas buzinas estridentes dos táxis e pelos gritos e empurrões das pessoas. Fiquei impressionada com a quantidade de raças presentes à minha volta. Los Angeles mudou muito nos últimos dez anos. Senti-me num país estrangeiro. Em certo sentido, isso é fantástico, porque significa que, enfim, estamos entrando em uma era em que seremos, de fato, uma única raça.

Foi bom chegar a meu lar tranqüilo naquela tarde. Minha casa estava silenciosa e coloquei meus objetos sagrados no altar. Tinha providenciado para que todos me deixassem sozinha naquela noite, para que eu pudesse enfiar-me na cama e retornar a Los Angeles calmamente. Estava exausta e caí num sono profundo, sonhando com Agnes, Ruby e as luzes do norte.

Na manhã seguinte, acordei com o telefone, às oito horas. Estava com dor de cabeça e ainda sentia a diferença de fuso horário. Arrastei-me para fora da cama, tranquei-me no banheiro e olhei-me por vários minutos, tentando lembrar onde estava. Imagens da cabana de Agnes, em Manitoba, no Canadá, giravam em minha mente enquanto abria as gavetas e escovava os dentes.

O telefone tocou novamente. Atendi.

"Lynn, que bom encontrá-la em casa. Temos uma reunião às cinco horas, hoje, com os produtores da Exposição em São Francisco", disse a voz animada de Ann. Ela é a produtora do treinamento xamânico que vou dar na primavera.

"Olá, Ann. Que bom ouvir sua voz. Cinco horas? Quem vamos encontrar?"

"O Jeff, da Exposição de São Francisco. Temos que falar sobre o estande e...", sua voz prosseguiu enquanto meus pensamentos retrocederam para a cerimônia lunar. Por um momento, pude ver as labaredas saltando diante de mim e a face da Mulher no Limiar de Dois Mundos. Coloquei a mão no balcão azulejado à minha frente, sentindo sua frieza e reassegurando-me de que continuava no mundo real. Inspirei profundamente, procurando concentrar-me, e ri.

"Do que você está rindo?", Ann perguntou.

"Oh, de nada. Estou apenas tentando voltar a Los Angeles."

"Sim, deve ser difícil para você. Desculpe-me", ela disse. "Foi tudo bem? Como estava o tempo?"

"Foi maravilhoso", eu respondi, não tendo mais nada para dizer e não querendo mostrar quão estúpida e incoerente eu me sentia. "Tudo bem. Onde vamos nos encontrar às cinco horas?"

"Que tal no alto da colina?", Ann perguntou.

"Sim, vai ser ótimo — na *deli*.* Então, até as cinco."

---

* *Deli*, forma coloquial de *delicatessen*, pequenos restaurantes no alto das colinas de Los Angeles. (N. T.)

213

Desliguei agradecida, de novo inspirando profundamente, quando o telefone tocou novamente. Era meu advogado querendo saber se eu tinha recebido o contrato para o meu novo livro. Eu não tinha e, olhando para o relógio, perguntava-me onde andava minha secretária. Ela deveria ter chegado há meia hora. Podia sentir a tensão crescente dentro de mim enquanto lavava o rosto e passava água fria no pescoço e ombros.

Havia começado a chover.

22

O ABISMO DO MEDO

Na tarde seguinte, eu a observava, preocupada, enquanto Beth se debatia diante de mim, franzindo e mordendo os lábios.

"Beth, você está querendo me dizer algo. O que é que você tem medo de me dizer?"

"Fui ao médico ontem e ele disse que tenho um problema de perda óssea precoce. Estou assustada e não sei o que isso significa."

"Olhe como você está sentada", eu lhe disse. Beth olhou para baixo. Seus ombros estavam curvados para a frente e seu peito estava em forma côncava.

"Em que você está pensando?"

"Sinto-me", ela disse com uma voz fraca, "como que derrotada. Não posso ter filhos e agora também estou desmoronando de dentro para fora."

Olhei-a por um longo tempo e vi sua aura retraindo-se, seu campo energético ficando cada vez menor. "Do que você tem medo, Beth?"

"Tenho medo de ser fraca e estar errada."

"Errada em quê?", perguntei.

"Acho que tenho medo de simplesmente estar errada. Não importa o quanto eu tenha melhorado, não importa quão bem eu tenha tomado conta de minha família, o fato é que, de alguma maneira, estou errada. Como pode meu corpo trair-me dessa maneira?"

"Traí-la?", perguntei. "O que você quer dizer com traindo? Talvez seu corpo esteja querendo lhe dizer algo."

"Eu andei escutando", Beth disse, "mas não ouvi nada."

"Bem, talvez você não esteja escutando muito bem", eu disse. "Há algo que você não aprendeu na vida, algo que você não escutou e que tem evitado com todo o seu ser. Vou parar por aqui hoje e quero que você vá para casa pensar sobre isso. Entre no seu espaço sagrado e escute atentamente e você descobrirá. Não pense que é simplesmente algo que eu possa lhe dizer. É tudo por hoje. Nos vemos quando você me ligar."

Beth não estava preparada para deixar-me. Ela havia planejado ficar comigo por muito tempo e ficou aborrecida por eu tê-la mandado embora. Saiu com os ombros ainda mais curvados, carregando sua mochila, os olhos voltados para o chão. Ela nem olhou para mim.

Uma semana depois telefonou-me e nos encontramos de novo na campina. Dessa vez caminhava de forma mais decidida. Fiquei contente por vê-la andar tão mais ereta. Abraçamo-nos e andamos ao longo do rio. Sentamo-nos ali no círculo sagrado e conversamos por algum tempo. Olhei-a inquisitiva, a certa altura, aguardando.

"Bem, descobri uma porção de coisas nesta última semana", disse Beth. "Descobri mais coisas do que em muito tempo."

"E o que foi?"

"Descobri que nunca fui à luta pelo que acreditava. Jamais lutei pelo queria, pelo que precisava, ou por qualquer outra coisa." Desta vez, ela não chorou. Ficou sentada ereta.

"Olhe como você está sentada", eu disse, "como você está ereta. Não é interessante?"

"Sim, é interessante", ela confirmou. "É como se eu tivesse tomado uma posição dentro de mim pela primeira vez e parece que tudo o que precisei foi perceber que eu não estava assumindo uma postura de força, nem mesmo dentro de mim, quanto mais no mundo."

"Oh, realmente", eu disse.

"É muito difícil perceber e admitir, para mim mesma, o quanto tenho sido fraca. Mal posso acreditar nisso", ela disse.

Sorri e toquei-a."Continue, fale-me mais."

"Algo estava acontecendo comigo. De repente, aos trinta e cinco anos eu me sentia velha. A menopausa significava que eu tinha dobrado a curva. Eu estava velha."

"Velha e decrépita", eu disse, lembrando-me de minha conversa com Agnes.

"Oh, sim, acho que sim", Beth disse, irradiando juventude.

"Bem, e o que você vai fazer a respeito?"

"Eu queria falar com você sobre isso. Fiquei tão surpresa. Achei que trabalhando com você eu estava assumindo meu poder."

"É verdade, Beth. Você estava dando os primeiros passos, mas isso não basta, não é mesmo?"

"Não", ela disse.

"Agora, você terá que colocar em prática essa decisão, não apenas em sua vida, mas também em seu próprio corpo."

"Não tenho feito exercícios", ela disse. "Essa é uma das principais coisas que percebi. Sempre fui ativa. De repente, com a menopausa, é como se eu me considerasse doente. Os sintomas eram ondas de calor e perda óssea. De repente, comecei a tomar cuidado. Em vez de correr uma milha, eu corria meia milha."

"Sim", eu disse. "Sei do que está falando."

"Você também fez isso?", ela perguntou.

"Sim, por um tempo. Não apenas isso, mas também pedir desculpas por ser quem eu era. Se Agnes ou alguma outra pessoa com quem tinha que lidar era enérgica comigo, eu pedia desculpas, porque achava que estava errada. Eu tinha que estar errada. Não estava? Naturalmente, que não. Eles é que estavam, na maioria das vezes. Isso não quer dizer que você não possa estar errada de vez em quando, mas não deve pressupor está errada até realmente estar."

Beth abriu um sanduíche de creme de amendoim e geléia e deu-me a metade. Ficamos ali sentadas falando sobre o fenômeno da menopausa e a irmandade que ela estava criando entre todas nós.

"Sabe, a menopausa não nos isola das mulheres mais jovens ou das mulheres que já passaram pela menopausa há anos", eu disse. "Você apenas começa a perceber que existe uma comunidade, porque todas estão tendo experiências similares em suas vidas. As mulheres acabam se unindo. Elas descobrem a irmandade. Elas deixam de perder umas às outras na competição por homens e melhores empregos. Elas passam a apoiar umas às outras para que sejam bemsucedidas, não apenas nas relações, mas também na profissão. O que mais desejo que você perceba, Beth, é que você está começando a ter problemas ósseos porque negou sua guerreira interior, a assassina, a que vai à luta pelo que acredita, pelo que é, pela grande guerreira que você é como mulher."

"Sim", disse Beth. "Isso não quer dizer que eu não possa me apaixonar, ser bonita, delicada e amorosa quando preciso ser, mas significa que posso permanecer em minha essência, com meu poder, seja eu uma mulher mais velha ou uma jovem. Não apenas vou ensinar a mim mesma, mas também a outras mulheres. Posso ser amada mesmo sendo forte. Sabe, Lynn, algo realmente interessante aconteceu. Meu marido tem um novo brilho no olhar, que é o brilho do respeito. Aconteceu simplesmente na semana passada. É engraçado, estou descobrindo que quando assumo meu poder, não tenho que importuná-lo. Não tenho que me comportar como costumava fazer, porque minhas implicâncias com ele normalmente eram resultado da frustração comigo mesma por não estar realizando nada, por não estar assumindo o que há em mim."

"Muito bem", eu disse. "Sim, Beth, era isso que eu queria que você descobrisse da última vez, quando deixei-a ir embora irritada por eu ter interrompido nosso encontro. Eu queria que você pensasse e que ficasse furiosa, para despertar a sua vontade." Coloquei minha mão sobre seu ventre. "Aqui, você não sentiu isso bem aqui, quando foi embora na semana passada?"

"Sim, senti. Senti raiva, mas você sabe de uma coisa? Foi bom para mim. Passei dias zanzando, totalmente confusa e, então, de repente, chegou a hora de minhas defesas se quebrarem. Percebi o que você vem tentando ensinar-me há um ano. Algo despertou dentro de mim."

"Sim, é a sua testemunha sagrada. Ela despertou e disse: 'Ah, há trabalho a ser feito'."

"Sim, é isso."

"Há trabalho para ser feito e o melhor está por vir."

O DESPERTAR DO FOGO INTERIOR

REACENDENDO O CALOR DO INÍCIO DA MENOPAUSA

"Quando eu tiver desaparecido e o fogo for apenas uma brasa em sua memória, você aprenderá a revisitar-me. A força voltará através de seus quadris e subirá pela coluna. Haverá um despertar do fogo interior. Você verá novamente minha face. Para que a alquimia seja perfeita, temos que cavalgar juntas como se fôssemos uma única. A Mulher no Limiar de Dois Mundos *a visita quando você caminha e exerce sua mágica na terra. Você amará e, através do amor, se unirá a mim e nos tornaremos unas com tudo o que é sagrado."*

Lentamente, a grande deusa deu a volta em redor do fogo. Ela foi ficando cada vez mais transparente, até o contorno de sua figura fundir-se com as chamas dançantes e desaparecer.

23

INICIAÇÃO

Eu estive preparando minhas aprendizes para a cerimônia de encontro com a Mulher no Limiar de Dois Mundos fazia muito tempo. Eu parecia ter visto a face da Mulher no Limiar de Dois Mundos no dia anterior e não tantas semanas antes. Agora, de uma maneira diferente, eu mesma iria conduzir minhas aprendizes que estavam atravessando o portal da Mulher em Transformação para essa experiência.

Como já expliquei diversas vezes, minhas duas mestras são índias, mas como não são feiticeiras na tradição dos índios norte-americanos, uma vez que aprenderam o antigo sistema e o processo de conhecimento dos ensinamentos da Irmandade dos Escudos, suas iniciações são diferentes, talvez, das muitas nações indígenas da América do Norte e do Sul. Muitas das iniciações das sociedades antigas de todo o mundo perderam-se. A nossa foi memorizada e mantida em segredo por nossas mulheres xamãs. Fui iniciada na Irmandade dos Escudos como uma pessoa do oeste e a grande ursa que sonha levou-me para o interior da caverna da Grande Deusa. Foi uma lição para uma mulher xamã do século XX e específica para mim. Quando trabalho com as pessoas, muitas vezes as iniciações mudam e variam de acordo com quem participa delas. Todas as pessoas deveriam passar por um rito de passagem ou uma iniciação em seus períodos sagrados.

As mulheres com quem eu estava trabalhando — Phyllis, Mary, Linda, Beth e, é claro, Olívia, que é a aprendiz de Zoila, na América Central — tinham diferentes heranças, levavam vidas diferentes, porém, tinham em comum necessidades semelhantes nesse período especial de suas próprias histórias de vida. Tinham, em comum, uma experiência chamada menopausa. Eu havia trabalhado com .cada uma delas, diferentemente, porque cada uma tinha necessidade de treinamento em diferentes aspectos e grande parte desse treinamento tinha a ver com descascar seus antigos condicionamentos — muito à maneira de retirar as cascas de uma cebola — sob os quais encontrava-se o cerne de seus seres, um estado de vacuidade, perfeição e luz clara e radiante. Cada uma dessas mulheres apresentava diferentes manifestações de mal-estar com respeito ao mundo em que vivia. Cada uma tinha suas próprias dificuldades com a menopausa, existentes no interior de suas próprias feridas e continham as sementes do conhecimento e da sabedoria, plantadas ali para que cada uma aprendesse a cultivá-las em sua vida futura. Esse é o ensinamento e o trabalho do xamã — possibilitar que você passe para o cerne, para a essência de seu ser, para a dor mais oculta, mais secreta. Descobrindo-se a essência da pessoa, descobre-se sua lição de vida. Os conflitos centrais da consciência de uma pessoa são as sementes de poder e conhecimento através dos quais a pessoa liberta-se para a verdadeira sensação de paz, para a verdadeira manifestação de seu próprio sonho pessoal desta vida.

Minhas quatro aprendizes não se conheciam mutuamente antes de chegarmos no altiplano deserto do sul da Califórnia. Há uma caverna sagrada naquela região que as mulheres da Irmandade e eu usamos há muitos anos. Ela me foi mostrada originalmente por Gêmeas Sonhadoras e, naqueles primeiros tempos, pude conhecer apenas certas partes da caverna, porque era o local onde as mulheres que estavam atravessando o portal da menopausa encontravam a Mulher no Limiar de Dois Mundos. Essa grande deusa tem muitas moradas por toda a terra e há séculos as visita em noites de iniciação. Esse é um antigo ritual de iniciação e cada uma de minhas aprendizes veria sua face de maneira diferente. A iniciação leva a pessoa para dentro do espaço de magia e poder no interior de si mesma. Esses são os ensinamentos dos ancestrais. Não importa qual seja a religião da pessoa nem sua nacionalidade, os grandes ensinamentos sempre a introduzem num espaço de força no interior de si mesma. A pessoa não coloca o poder fora de si mesma. A verdade é um reflexo do Grande Espírito, vivendo eternamente no âmago de seu coração.

Grandes pedras cor areia-escura, como se tivessem caído de uma enorme "trouxa" de magia há uma centena de milênios, encontravam-se à nossa volta como um reflexo silencioso de energia e poder. Eu e minhas quatro aprendizes tínhamos ido a pé até um vale estreito. Usávamos longos vestidos brancos, representando a pureza de espírito, faixas vermelhas representando o sangue sagrado e xales que

226

simbolizavam a condição de aprendizes. Os xales eram diferentes: dissera a cada mulher que usasse seu xale preferido. Phyllis e Mary usavam xales de seda vermelha com salpicos de amarelo e azul. Linda usou um xale tecido com fios de lã preta e dourada; e Beth tinha um xale de seda pura vermelho com listras pretas.

O céu naquele dia estivera azul-cobalto, tornando-se agora azul-escuro. Era uma noite perfeita para nossa cerimônia. A lua minguante encontrava-se no céu e nós a saudamos, e saudamos umas às outras, com oração e canto. Dei a cada uma das mulheres uma tocha que havia preparado anteriormente e nos dirigimos à entrada da antiga caverna sagrada, que tinha uma iúca na frente e moitas de cáctus e flores silvestres amarelas e azuis crescendo nas fendas das rochas. Acendi as tochas que elas seguravam e formamos um círculo.

"Beth, você ocupa o lado sul. Você é a mulher do sul nesta cerimônia. Você detém a energia e o poder da confiança e da inocência, da substância e materialidade do mundo. Você entende as pedras que se erguem em direção ao céu à nossa volta. Você entende que elas guardam lembranças e são contadoras de histórias. Você, Beth, é a contadora de histórias deste círculo. Você sabe que muitas já passaram por aqui antes de nós e você as reverencia, detém o poder desta direção nesta cerimônia e, se achar que alguma de nós estiver esquecendo a substância, a confiança e a inocência da pequena criança no interior de cada uma, você terá que expressar sua opinião."

Acendi sua tocha e dirigi-me para o oeste.

"Linda, você é a mulher do oeste. Você é a detentora do sonho sagrado. Você entende de morte, renascimento e transformação em todos os seus níveis. Você é capaz de dançar com a ursa sagrada que sonha. Você detém essa posição de poder em nosso círculo sagrado. Se negligenciarmos nossa adolescente interior e suas necessidades, você expressará sua opinião. Use bem o seu poder, queida irmã."

Acendi sua tocha e voltei-me para o norte.

"Phyllis, você é a mulher do norte em nosso ritual de iniciação. Você ocupa a posição de força e sabedoria, o grande búfalo, o lugar da oração e do espírito. Você ocupa esta posição em nossa cerimônia e, se o lugar deste poder for negligenciado, faça com que sua voz seja ouvida."

Acendi a tocha que ela erguia para o céu noturno, a lua minguante ainda mais brilhante contra as estrelas cintilantes que a rodeavam. Em seguida, voltei-me para o leste.

"Mary, você é a mulher do leste nesta cerimônia. Apesar de ser tão jovem, você tem o poder da sábia anciã, o poder da iluminação. Você é a palhaça sagrada nesta cerimônia e poderá expressar sua opinião. Você é quem testa as instituições existentes para verificar se elas são reais. Você entende do poder do sol nascente e de sua irradiação. Eu a respeito, irmã do leste. Se você achar que falta algo no poder do leste, expresse sua opinião e ela será ouvida."

Acendi sua tocha. Ela explodiu em chamas. Então pedi a todas que se sentassem em círculo à minha volta. Sentei-me na posição do *self* no centro. Fiz uma oração ao Grande Espírito.

"Grande Espírito, Mãe Terra, poderes das quatro direções, minhas ancestrais, minha curandeira, seres de quatro pernas e alados, todos os seres sagrados e mestres que andam sobre a face da Terra, eu os reverencio e peço-lhes que estejam conosco esta noite."

Toquei um sino quatro vezes para as quatro direções e invoquei o espírito de meus protetores e de todos os que me amam, bem como os membros de meu círculo. Pegando o meu chocalho de mãe, levantei-me e, com um halo de sons, começando pela mulher do sul, Beth, invoquei seus protetores e seus animais tutelares. Passei para o oeste, o norte e o leste, reverenciando as direções sagradas e seus poderes, invocando sua presença em nosso círculo.

Em seguida, pedi às mulheres que se levantassem e acendi uma pequena fogueira com os gravetos empilhados. Dei a elas os bastões de fogo que eu tinha entrançado com as cores do intenso fogo interior de cada uma. Pedi que fizessem uma cerimônia de purificação com os bastões, imaginando sua negatividade passando para eles enquanto elas os passavam sobre o alto das cabeças, descendo pelos braços, tronco, costas e pernas até os pés.

"Deixem que os bastões de fogo absorvam a negatividade de vocês", eu disse. "Deixem que eles absorvam as bagagens indesejadas de suas vidas até hoje. Vocês sabem pelo nosso trabalho juntas o que vocês alcançaram e o que não lhes serve mais. Deixem o que não lhes serve mais passar para o fogo da vara. Permitam que os bastões de fogo o levem. O fogo pode lidar com tudo isso melhor do que vocês. E entreguem-no ao fogo antes de entrarem comigo na caverna sagrada."

Cada uma das mulheres passou seu bastão de fogo ao longo do corpo. Os fios que eu tinha enrolado nas bases cintilavam à luz do fogo. Já estava totalmente escuro agora. A fragrância da areia e das flores silvestres era trazida pelo vento do deserto, enchendo nossos narizes com o perfume da natureza e a fragrância de nossa grande Mãe Terra. Quando cada mulher acabava de passar o bastão de fogo pelo corpo, lançava-o na fogueira no centro da roda.

"Agora ajoelhem-se", instruí. "Ajoelhem-se diante da fogueira e façam uma oração. Vejam como as chamas transformam a madeira em fumaça, exatamente como o calor no interior de vocês transforma seu corpo em um novo estado de perfeição. Façam uma ora-

228

ção ao Grande Espírito e para as grandes mães que estão à nossa volta e peçam-lhes força e energia durante a iniciação. Peçam orientação para a nova vida que estão prestes a iniciar." Coloquei, então, galhos de juníparo úmidos na fogueira. As chamas crepitaram e faiscaram e uma grande nuvem de fumaça subiu para o céu noturno. "O espírito e o centro da fogueira vão falar com vocês através da fumaça", eu disse. "Leiam as imagens na fumaça em busca de orientação." A fumaça espiralou sobre nós em colunas ondulantes cor de alfazema e cinza. Cada uma de nós leu mensagens profundas na dança silenciosa da fumaça.

Quando todas concluíram a leitura, andamos no sentido horário em volta do círculo. Benzi cada uma das mulheres com salva, cedro e capim. Em seguida, guiei-as para o interior da caverna sagrada. A abertura da caverna era alta o bastante apenas para passarmos, rodeando a grande pedra que eu havia afastado da entrada. Sentíamos o cheiro da terra e das antigas paredes de pedra. Fui acendendo as velas colocadas nas fendas e nichos ao longo do caminho, enquanto andava.

"Mulheres, ergam suas tochas com a mão esquerda, a mão do poder feminino, a mão do verdadeiro poder" eu disse. "Vocês vão abrir o caminho para todas as mulheres que virão para celebrar a passagem da menopausa como uma passagem para suas vidas sagradas."

Caminhávamos lentamente. O caminho era um declive, aprofundando-se cada vez mais no interior da Mãe Terra. Fomos seguindo o caminho, que virou para a direita em uma grande espiral, cada vez mais fundo em direção ao coração da terra. A cada passo ficava mais frio. Andamos com cuidado por muito tempo, enquanto eu acendia as velas colocadas ao longo do caminho. As faces de minhas aprendizes brilhavam de expectativa quando ocasionalmente eu olhava em direção a elas. Então, começamos a sentir o cheiro de capim, e de lenha queimando à nossa frente. Ao contornarmos uma elegante curva no corredor da caverna, cujo teto era alto o suficiente apenas para nos mantermos eretas, vimos à nossa frente uma circunferência de luz brilhante. Entramos num salão cujo teto elevava-se em forma de cúpula sobre nós, aparentemente entalhada em uma rocha gigantesca. Havia uma fogueira no chão da caverna, acesa de modo sagrado e benzida cerimonialmente. As paredes brilhavam como ouro polido por causa do pó de mica na pedra, refletindo a espiral de luz amarela da fogueira como se o sol estivesse irradiando um calor intenso do interior dela. Lindos desenhos tinham sido talhados no chão de pedra. O salão estava à espera de nossa iniciação.

No centro havia um grande assento de jaguar esculpido em pedra. O assento era o dorso do jaguar. Os braços do assento eram jaguares deitados estirados, com as faces voltadas para nós e olhos de mica, que refletiam as labaredas da fogueira no centro como se estivessem vivos. As costas da poltrona tinham sido esculpidas em pedra, adornadas com serpentes e cobras. A face de uma linda figura de deusa estava gravada na pedra no alto das costas da poltrona. Andei em volta da caverna, conduzindo as mulheres no sentido anti-horário. "Vamos por esta direção, minhas irmãs. Esta é a direção do poder ordinário." Depois de termos dado a volta em toda a caverna, viramos e dirigi-as em sentido contrário. "Esta é a direção do poder feminino mágico", eu disse, ao seguirmos o caminho do sol. "Assumam seus lugares no salão, cada uma em sua direção sagrada." As mulheres colocaram-se sobre os sagrados cobertores vermelhos nas quatro direções e colocaram seus archotes em apoios cavados no chão de pedra da caverna.

Dirigi-me para o assento e, dando quatro voltas ao redor dele, benzi-o com salva, cedro e capim. Em seguida, parando diante dele, entoei e cantei meu hino de poder. Pegando o tambor e os chocalhos que se encontravam dispostos ali, comecei a tocar tambor e entoei um antigo hino que minhas mestras tinham me ensinado para invocar a Mulher no Limiar de Dois Mundos. Senti a deusa perto de mim, de maneira que era próprio e adequado invocar sua presença. Após um breve período de tempo, comecei a ver nitidamente sua face. Então, ocupei o assento diante do fogo e, tocando um sino, voltei a chamá-la para juntar-se a nós. Enquanto orava, vi nitidamente a Mulher no Limiar de Dois Mundos, sua linda face de anciã emergindo da fumaça do fogo e do incenso de copal queimando a pouca distância de nós. Sua face irradiava força e poder e ela estendeu a mão e tocou em minha terceira visão.

"Agradeço a você, minha filha, por ter trazido essas mulheres maravilhosas a mim. Abençôo sua cerimônia e suas aprendizes com poder. Vou ajudá-las em suas vidas sagradas. Estarei à disposição delas como estou aqui à sua. Que todos os dias de sua vida sejam de Luz, respeito e beleza. Oh!", ela disse e desapareceu lentamente na névoa criada no salão pela fumaça do copal, da salva e do capim.

Levantei-me e disse: "Beth, mulher do sul, vou pedir-lhe para iniciar. Por favor, venha juntar-se a mim aqui no assento do jaguar, o lugar do esquecimento e da lembrança, um lugar de grande honra".

Beth levantou-se e moveu-se com energia, altiva, sobre os desenhos no chão da caverna. Havia muitas linhas traçadas, como se ela estivesse andando através do universo com as Plêiades, o Sol e a Avó Lua desenhados sob seus pés. Ela sentou-se cuidadosamente na pol-

230

trona. Percebi que lhe era confortável. Ela colocou as mãos sobre os braços da poltrona. Suas mãos ajustaram-se perfeitamente nos entalhes feitos pelas inúmeras outras mulheres que haviam estado ali antes dela. Levantei-me e cobri sua cabeça e todo o seu corpo com um tecido fino de algodão branco que encontrava-se cuidadosamente dobrado sob a poltrona.

"Cubro-a com um véu. É o véu da inocência, próprio de sua direção. É um véu de ignorância, um símbolo do que obscureceu sua visão em sua vida até hoje. Gostaria que você pronunciasse para a Mulher no Limiar de Dois Mundos e para todas nós uma invocação de poder. Gostaria que você nos dissesse o que significa para você a passagem por esta porta e também o que você está deixando para trás, para que seu renascimento e transformação possam se realizar."

De um cesto trançado com os sonhos de todas as mulheres e repleto de oferendas, peguei uma para Beth. Dei-lhe uma cabaça sagrada, simbolizando seu útero da criatividade, recém-concebido, para que segurasse em sua mão esquerda, e tabaco para segurar na mão direita.

"A cabaça representa a fecundidade de seu espírito, a fecundidade das sementes plantadas no interior de seu próprio ser que a trazem a esse momento de iniciação. O tabaco representa uma forma de transmitir mensagens à Grande Deusa Mãe e ao Grande Espírito. Ele lhe provê um modo de orar e renovar as energias e forças em sua jornada."

Por um momento Beth permaneceu em silêncio. Ela segurava a cabaça e o tabaco com dignidade, altiva. Então, começou a falar, informando-nos de sua determinação quanto ao que estava deixando do para trás para que sua iniciação pudesse ser concluída.

"Sou inimiga feroz daqueles que gostariam de me prejudicar. Assumo meu poder e abandono meu medo de estar errada. Despojome de qualquer medo de incomodar outras pessoas por acreditar no que seja verdadeiro. Eu tinha medo de ter um ponto de vista próprio. Eu me desfaço desses fardos pesados de medo."

Quando ela concluiu, levantei-me e coloquei uma das mãos em cada lado de sua cabeça e orei para que a Mulher no Limiar de Dois Mundos aparecesse para ela em todo o seu esplendor e beleza.

"Agora, Beth", eu disse: "peça à Mulher no Limiar de Dois Mundos que apareça para iniciá-la. Quero que você imagine que está olhando através do deserto e que, ao longe, vê uma figura vindo em sua direção. Você percebe que é a grande deusa, a Mulher no Limiar de Dois Mundos vindo a seu encontro. Quando ela se aproximar, você começará a vê-la em todo o seu esplendor. Ela se revelará para você de uma maneira muito particular. É uma aparição para você, e apenas para você. Vou apagar as tochas", disse, enquanto andava em volta do círculo fazendo com que a escuridão nos envolvesse em mistério. "Vamos tocar os tambores agora e, quando você tiver concluindo sua visão, erga a mão esquerda e nós cessaremos as batidas e prosseguiremos com a cerimônia."

Comecei a tocar os batimentos cardíacos da Mãe Terra. As outras mulheres juntaram-se a mim batendo em seus tambores. Passou-se um longo tempo até que Beth, por fim, ergueu sua mão esquerda, elevando sua cabaça abençoada e paramos de tocar. Levantei-me e fui até Beth retirar o véu e colocá-lo sobre as costas do assento. A face de Beth estava radiante. Lágrimas escorriam por seu rosto. Sua visão e sua iniciação tinham se realizado. Ela voltou para o seu lugar no sul com a visão de sua nova aliada alojada em seu interior. O fogo brilhou no centro de nosso círculo como o olho da sabedoria eterna, assistindo-nos com aprovação e animação bruxuleantes.

Linda, na posição de poder do oeste, passou para o centro da sala e ocupou o trono da grande jaguar. Repetimos o ritual. Coloquei o véu sobre sua cabeça e pedi-lhe que nos falasse de sua determinação e seus atos de poder para sua nova vida ao ingressar na sacralidade. Pedi-lhe que nos falasse sobre o que estava deixando para trás, que poderia impedir sua iniciação. Dei-lhe também uma cabaça abençoada e tabaco e todas nós escutamos com solene respeito quando ela começou a falar.

"Eu deixo para trás meu preconceito racial. Deixo para trás meu sentimento de não ser suficientemente capaz de ser uma senadora. Entrego meu medo de perder meu casamento. Se meu marido está incomodado com minha menopausa, é um problema que ele tem que superar. Finalmente, compreendo perfeitamente que uma nova sociedade de igualdade não pode ser criada a partir da raiva, mas apenas a partir do coração."

"Se a Mulher no Limiar de Dois Mundos não sentir a presença da verdade em seu coração, ela não virá até você", eu disse.

Quando ela acabou de falar, invoquei novamente o espírito da Mulher no Limiar de Dois Mundos. A deusa apareceu para Linda imediatamente e, quando concluiu a experiência, retirei o véu e ela voltou para o círculo. De novo, o fogo pareceu reviver. Pequenas chamas saltaram das brasas incandescentes como se estivessem reconhecendo Linda e sua nova presença.

Então, pedi à mulher do norte, Phyllis, para sentar-se no centro. Dei a ela uma cabaça e tabaco e cobri sua cabeça com o véu. Ela falou-nos com uma emoção profunda e uma voz potente sobre o que estava abandonando e sobre sua determinação para a nova vida.

"Estou determinada a ser eu mesma e não uma sombra de meu marido. Eu tinha muito medo de ser eu mesma. Estou decidida a ver o mundo com meus próprios olhos e não através dos olhos de quem quer que seja. Despojo-me de todo aquele medo de não ser normal ou socialmente adequada. Eu tinha medo de dançar, mas dançarei daqui para a frente e ajudarei para que outras expressem suas verdades mais profundas pelo movimento rítmico.'' Quando ela concluiu, comecei a tocar tambor e, juntas, invocamos o espírito da Mulher no Limiar de Dois Mundos. Retiramos o seu véu e ela retornou ao círculo como uma mulher realmente nova. Pude perceber isso no rubor de suas faces e no brilho de seus olhos. Ela derramou lágrimas serenas de alegria enquanto o fogo ardeu com intensidade renovada, como se tivéssemos colocado mais lenha.

Pedi à mulher do leste, Mary, que ocupasse o trono e encobri-a com o véu, como fizera com as mulheres antes dela. Perguntei-lhe o que estava abandonando e qual era a sua decisão para a sua nova vida como mulher sagrada. Ela falou-nos do fundo do coração.

"As mulheres asiáticas, as índias americanas, as anglo-americanas, as afro-americanas, as mulheres de todo o mundo, de todas as raças e culturas têm muita coisa em comum. Estou apenas começando a sentir realmente isso. As mulheres entendem isso. As mulheres entendem de cuidar da família, o instinto de proteção que nutre e permite que todas as formas de vida se desenvolvam. As mulheres sangram; todas têm um período de purificação todos os meses e todas as mulheres passam pela mudança de vida. Estaremos unidas, irmãs, todas nós, se pudermos ao menos entender a importância extraordinária dessa realidade. Em minha vida profissional descobri que, na maioria das vezes, minhas piores inimigas foram mulheres. Era-me muito difícil entender isso, porque eu achava uma coisa muito natural estar unida a outras mulheres, lutar por outras mulheres para que a vitória fosse de todas nós, para que todas alcançássemos sucesso. Mas as mulheres, admirando o patriarcado, tentam adequar-se às pessoas no poder e, na maioria das vezes, as pessoas no poder são homens. De maneira que tornam-se lineares em seus modos de pensar e esquecem-se do círculo sagrado da vida. Elas se esquecem o que sabem e lutam, irmã contra irmã, jamais oferecendo para ajuda, conforto ou compaixão. Abandono o medo de ser irmã, antes de tudo, em todos os atos de minha vida.''

Quando Mary concluiu, tocamos tambor e invocamos a presença da Mulher no Limiar de Dois Mundos. Todas nós pudemos senti-la, cada um à sua própria maneira, emocionadas e fortalecidas muito além de qualquer outra experiência que pudéssemos relembrar. Retirei o véu de Mary e ela retornou ao círculo. Cantamos, oramos, entoamos hinos e tocamos nossos tambores juntas.

"Minhas mestras disseram-me muitas vezes que a esperança do mundo está nas mulheres do oeste", eu disse, "e cada vez mais acho tal afirmação verdadeira, porque as mulheres compreendem a energia da Mãe Terra, afinal, ela é feminina. As mulheres também compreendem umas às outras. Elas sabem o que é dar à luz e nutrir a vida de uma maneira constante. É hora de nós, como mulheres, nos unirmos em todos os níveis da vida, seja no mundo dos negócios, no lar ou na consciência de curar a Mãe Terra, para que possamos viver, para que nossos netos possam viver num lugar de saúde, harmonia e paz. Acho que se alguém me perguntasse o que a passagem pelo portal da Mulher no Limiar de Dois Mundos ensinou-me, eu diria que trouxe tudo isso à consciência, que as mulheres podem chegar a uma nova base de entendimento que não é apenas intelectual e emocional, mas é parte de seus corpos, parte do que é sua identidade no mundo."

Oramos por várias horas. Compartilhamos de nossa irmandade, tocando tambor e cantando. Então disse a minhas aprendizes que tinha algo de especial para elas.

"Tenho uma mensagem para vocês todas de Agnes Alce que Uiva." Fechei os olhos e recordei minha linda mestra idosa contemplando a corrente de água de um rio. Ela havia começado a falar muito calmamente. Eu disse: "Vou repetir suas palavras. 'Como nós mulheres estamos relacionadas com a água, faz-nos bem estarmos perto da água corrente quando estamos menstruadas. Nascemos das primeiras palavras da mãe primordial. Viemos do vácuo e transportamos o vácuo. Nosso sangue é o corpo dela. Ele é sagrado. Diz-se que ela originou-se da água e da terra e é por isso que nosso sangue retornará à terra e nosso espírito às águas do sonho sagrado. O poder dela será glorificado por toda a terra e todos os homens a reconhecerão como a origem. E agora que você fez de seu corpo o tempo do útero, tome cuidado para que a semente de vida de nossa primeira mãe seja bem-vinda, de um modo sagrado, pois provém do corpo dela. Sua carne foi queimada para que você pudesse ganhar vida. A fumaça dela trará sabedoria para o seu caminho. A fumaça é uma dádiva do coração da mãe primeira. Reverencie sua memória, porque ela vive dentro de você. Quando você come, é ela quem come. Quando você faz fumaça, é ela quem leva sua mensagem para longe. Quando você sangra, é ela quem sangra. E quando você retém seu sangue, conserve seu poder recém-encontrado, porque agora você é a grande mulher de sangue sábio. Quando você retém seu sangue, é ela quem retém o sangue dela. Quando você entrega seu corpo para ser compartilhado no amor, deixe que todas as partes de você estejam presentes em nome dela, para que o amor dela possa se

234

realizar sobre a face desta grande terra'.'' Olhamos umas para as outras e nos abraçamos, com os olhos cheios de lágrimas e encantamento pela beleza das palavras e dádivas de Agnes para nós.

Finalmente, caminhamos juntas em sentido horário, em direção ao poder, em volta do salão e, pegando os archotes que tínhamos colocado nos apoios, acendemo-nos e saímos da câmara sagrada percorrendo de volta o túnel escuro. Dessa vez, eu segui atrás das mulheres, apagando as velas nos nichos, enquanto caminhava até chegarmos à luz do dia, à luz no fim do túnel. De fato, toda uma noite tinha se passado e era o alvorecer e o começo de uma nova vida para cada uma de nós.

24

O GUERREIRO OCULTO DA MENOPAUSA

Era final de outono e eu estava sentada com minhas aprendizes e Olívia sob um carvalho numa campina repleta de viburnos de flores púrpuras e perfumadas. Pinheiros cresciam em pequenos grupos pela região e o vento suave vindo do sul assobiava pelas agulhas dos pinheiros, fazendo-me lembrar do extremo norte e da natureza que eu amo. Tinha se passado algum tempo desde nosso trabalho durante a iniciação com a Mulher no Limiar de Dois Mundos. A última vez que estivéramos todas juntas tinha sido na festa que havíamos dado para todos os membros de nossas famílias. Havia sido uma ocasião festiva em que celebramos nossa iniciação, comemos, dançamos, tocamos tambor e conversamos. Tínhamos todos simplesmente relaxado e nos divertido ao máximo. O melhor de tudo tinha sido que cada uma de minhas aprendizes fora profundamente respeitada por todos os presentes. Que experiência maravilhosa tinha sido sentir o amor e perceber o respeito nas expressões daquelas famílias.

Estávamos sentadas num círculo de cobertores vermelhos, azuis, amarelos e brancos, falando sobre nossos "sonhos animais", como os chamamos, porque cada uma de nós, desde o encontro com a grande deusa feminina, estava tendo sonhos com seus animais tutelares — os arquétipos animais que vivem no interior de nossa psique e animam nossa natureza instintiva selvagem, que muitas vezes negamos. No início de nosso trabalho em conjunto, fazemos rituais para descobrir nossos animais tutelares.

Em um sonho, Phyllis tinha visto a Virgem Maria com os pés sobre a grande serpente emplumada. Ela chegou a uma interessante interpretação de seu simbolismo. Em certo sentido, a menopausa era um meio que a levava de volta a uma sensação de ser virgem, como se a vida que estava enfrentando agora fosse nova, como se ela fosse uma virgem natural entrando no mundo dotada com novos olhos. Ela era um espírito virgem com os pés sobre a incontrolada conformidade e a perigosa mediocridade de sua vida anterior.

Cada uma de nós tinha tido sonhos com nossos animais tutelares manifestando-se em nossas vidas cotidianas. Falamos sobre isso por algum tempo, enquanto desfrutávamos de um lanche, ríamos e nos divertíamos. Linda tinha recebido mãos espirituais de seu animal tutelar, uma puma. Eram suas mãos secretas especiais que permitiam que criasse um novo mundo e "manipulasse" tudo o que surgia em seu caminho.

Finalmente, peguei a "batuta da fala", toquei-a por um momento na fronte, no olho xamânico e, fechando os olhos, ofereci uma oração à Deusa Mãe por suas bênçãos.

"Há algo que quero dizer a todas vocês", eu disse. Um gaio azul pousou num galho sobre a minha cabeça. Ele parecia estar arremedando minhas palavras, saltitando sobre o galho, tentando chamar nossa atenção. Atirei-lhe uma casca do pão de meu sanduíche.

"Há algo que vejo em todas vocês e do qual nunca falamos", eu disse. "Percebo que vocês progrediram enormemente, que o trabalho com suas naturezas sagradas tem lhes fortalecido muito. Mergulhando na própria ferida e realizando cerimônias no âmbito de seus poderes femininos vocês chegaram aos mistérios e à magia de um segundo nascimento. Vocês são mulheres em verdadeira transformação num mundo que precisa ouvir seus gritos de júbilo. Mas acho que aconteceu algo mais do qual vocês ainda não tomaram consciência. Vocês imaginam o que poderia ser?"

Olhei para o semblante de cada uma de minhas aprendizes. Elas estavam refletindo profundamente, mas nenhuma prontificou-se a dar uma resposta.

"Vamos chamá-lo de lado sombra da menopausa. Meu lado sombra que surge das profundezas ocultas da confusão, talvez, por não sabermos quem somos ou o que somos nessa fase específica de nossas vidas. A energia é nova e você está prestes a levar um novo consorte para a sua caverna secreta. Penso que encaramos nossa atuação no mundo como fazendo parte do escudo feminino. Vemos o processo de expressão como parte de nós enquanto mulheres e de como expressamos essa feminilidade no mundo. Mas eu acho, queridas aprendizes, que algo mais está acontecendo aqui. Foi-me revelado em meu último encontro com a Mulher no Limiar de Dois Mundos que a iniciação última pela qual vamos passar está para acontecer. Ela ocorrerá quando vocês me deixarem e voltarem para suas vidas."

240

"Não entendo bem o que você está dizendo", Phyllis disse. "O que estou dizendo é que há algo com que não lidamos. Seria melhor dizer com quem não lidamos, o guerreiro oculto. Como vocês sabem, a menopausa pode ser vista de muitas maneiras e acho que dançamos em volta dessa passagem de todos os pontos cardeais, isto é, pontos de vista. Mas considerem a palavra *men-o-pause*.* Como vocês acham que ela se relaciona com esta passagem?", eu disse, dando ênfase às sílabas.

Elas pensaram por alguns minutos e Beth, mastigando o talo de uma folha de grama, olhou atentamente para mim e disse: "Será possível que nesta passagem, embora portemos o escudo feminino para contrabalançar, devamos usar também o escudo masculino? Isso faz algum sentido, Lynn?"

"Sim, o que acontece é que a maioria de nós acha que enfrentamos o mundo sempre com um escudo feminino, mas na verdade há um *guerreiro* oculto no interior de cada uma de nós. Esse *guerreiro oculto* provém do escudo masculino, como uma névoa pairando sobre o lago ao amanhecer, e nenhuma de nós percebeu até agora a vitalidade da energia que estamos todas sentindo. Eu vejo a energia ouro-alaranjada reluzindo em volta de cada uma de vocês. Acho que para entendermos a *men-o-pause* temos que fazer uma pausa para considerar e refletir sobre o guerreiro oculto, aquela parte masculina no interior de nós mesmas que, nesse momento, nos desafia."

"Antes de prosseguirmos com esta discussão", Mary disse, "você quer dizer que toda mulher tem um guerreiro oculto? E o que tem o guerreiro a ver com o sangue feminino?"

"Sim, para a sua primeira pergunta", respondi. "É diferente do escudo masculino ou aspecto masculino de nós mesmas, conforme o entendemos comumente. Durante a menopausa, respondendo a sua próxima pergunta, o guerreiro oculto surge quando o escudo masculino não é integrado ao escudo feminino e devidamente equilibrado. Toda mulher tem um guerreiro oculto, de vez em quando, mas ele não se manifesta antes do portal da Mulher em Transformação. Como a mulher penetra profundamente no interior de sua ferida feminina nessa ocasião, surge a necessidade de um novo tipo de equilíbrio. O guerreiro oculto dança de acordo com sua música. Se você é uma mulher de poder bordando um tapete de mistério e criatividade, ele pode ser o tear que suporta seus fios brilhantes e expõe sua forma ao mundo. Não que a mulher não tenha forma no interior de seu próprio escudo feminino, mas o equilíbrio e a força atra-

---

* Em inglês, este é um jogo de palavras que significa "homens, façam uma pausa". (N. T.)

vés dos quais sua criação se expressa dependem da eterna interação de energias positivas e negativas no interior da dança espiralada da vida. O guerreiro oculto é seu consorte nessa ocasião. Ele leva o relâmpago em sua mão direita e os ossos de vocês na mão esquerda do poder. O relâmpago é uma qualidade do Grande Espírito e, juntamente com os seus ossos, forma o escudo do guerreiro oculto. Ele a desafia a mostrar seu lado melhor, sua vida é agora um renascer para o tempo sagrado de reequilíbrio de todas as formas de energia em sua vida.''

Linda pegou a flor que tinha presa nos cabelos e jogou-a no meio do círculo. "Você está dizendo que todos os homens também têm um guerreiro ou uma guerreira oculta?''

"Correto. Isso quer dizer que há um lado silencioso, um aspecto que permanece adormecido em cada um de nós. É um aspecto profundo de nossa história, que está no nosso sangue, como nosso espírito manifesto vive no interior de nossos ossos. Quando experienciamos o sagrado Tempo dos Sonhos, nos tornamos portadoras dos Ossos do Tempo. A Mulher do Osso, a Protetora dos Ossos, recolhe os ossos através do carma da magia e da menopausa da mulher. A última mestra deste portal para o sangue sábio é a Mulher-Osso. Ela eleva seus ossos à luz da lua minguante e lê seu espírito, nomes, seu estado de saúde e decide como você irá morrer. À medida que avançamos na vida, esses recônditos no interior de nós mesmas, recônditos de sabedoria, guardam segredos que não nos são revelados. O mistério de nossa vida é mantido em segredo em nosso sangue, até que nos tornemos sábias e saibamos usar a informação. Segredos que poderiam prejudicar nossa capacidade de sobreviver, nossa capacidade de perceber a verdade, são mantidos em estado dormente até que nossas percepções sejam renovadas ou despertas. Então, aquele recôndito de sabedoria torna-se uma realidade em nossas vidas e a Mulher-Osso passa a fazer parte de nosso conselho interior. Ela se expressa em uma linguagem que precisamos aprender. É uma linguagem proveniente da vontade e ajuda-nos a reestruturar nosso modo de vida.

"Ela fala das sombras que pairam por detrás de todas nós. Posso ver atrás de cada uma de vocês uma sombra recém-formada e essa sombra é feita de medo — medo de ser forte e bonita, medo de exercer o poder do animal feroz que vive no interior de cada uma, predatório e terrível, à luz do dia. Para dar-lhe um nome nós o chamamos de guerreiro oculto nascido do escudo masculino, aguardando ser usado, porque é isso que ele é. Ele faz parte de sua celebração ao ingressarem no mundo de recém-descoberta, alegria, estabilidade e profunda força dentro dos ossos.''

Beth levantou a mão e, tirando um pequeno cristal do bolso, disse: "Suas palavras ressoam profundamente em mim e percebo, pela primeira vez, que estou em um lugar, em um estado de introspecção, há muitos anos. Escondi-me no meu sangue, como em uma floresta sem ver as árvores. O portal da menopausa marca uma transição entre retroceder, cair em estado de introspecção, e curar-me, continuamente, tentando chegar às profundezas e à cura de minha própria ferida. Agora sinto uma verdadeira transição no movimento ou fluxo de minha energia".

"Você pode explicar melhor isso, Beth?", perguntei. "Você pode explicar a todas nós como é que você sente isso?"

"Sinto quase que uma explosão, acho, como se a energia estivesse implodindo em mim até não haver mais espaço. E eu luto com essa energia agora, em vez de deixá-la ser um fluxo de energia para dentro de mim como foi por muitos anos. De repente, percebi que há anos voltava-me para dentro, sempre olhando para dentro, e de vez em quando via um reflexo no mundo, um espelho daquela introspecção, mas nunca passou disso. Quando encontrei a Mulher no Limiar de Dois Mundos, senti uma mudança no fluxo dessa energia. E agora não tenho certeza do que vai acontecer. Sou como uma canoa descendo pelas correntezas. Eu sorvi a energia criativa e agora ela precisa ser direcionada para fora de alguma maneira. Sonhei com a Mulher-Osso na noite passada. Ela estava juntando meus ossos numa pilha enorme e rearrumando-os enquanto me remontava."

Beth ficou em silêncio por vários minutos, enquanto todas nós refletíamos sobre a Mulher-Osso e seu lugar em nossas vidas.

Mary colocou alguns grãos de milho, tirados de uma pequena bolsinha pendurada em seu pescoço, dentro do círculo. "Meu maior problema com a menopausa é que sinto que estou perdendo meu poder. Estou reaprendendo minha posição no círculo sagrado da vida. Percebo a vida de uma maneira muito sexual. A Mulher no Limiar de Dois Mundos disse-me algo muito interessante. "É hora de crescer, minha eterna menina. Você tem dificuldade com o sangue sábio porque tem medo de ser sábia. Sempre que você chega perto do sucesso, você sabota a si mesma. Agora você não tem escolha, porque você é sangue sábio. Você não teve infância, de maneira que passou toda a vida adulta querendo brincar. E pode continuar, mas agora você precisa brincar como uma adulta sábia. É hora, Mary. É hora." As palavras dela tocaram-me profundamente. Ela está certa. Não é de surpreender que todos os meus pacientes tenham medo de crescer. É porque essa é a lição que eu preciso aprender. Adoro e odeio isso, mas a Mulher no Limiar de Dois Mundos mudou minha vida. Não estou perdendo minha sexualidade; estou perdendo minha incapacidade de assumir a responsabilidade por minha vida adulta."

Beth aproximou-se e deu um grande abraço em Mary.

Phyllis pegou a folha que estava segurando com as mãos, acariciou-a com os dedos e colocou-a no meio do círculo. "Posso falar?", ela perguntou.

"Sim, minha irmã", respondi.

"Acho que conheço bem esse sentimento. Experienciei a mesma corrente de energia quando encontrei a Mulher no Limiar de Dois Mundos, mas quando senti essa energia, senti o portal se abrindo dentro de mim, no interior de meu centro xamânico, meu desejo. Quando o portal se abriu, sangrei fisicamente. Senti o sangue escorrendo por minhas pernas durante aquela cerimônia e achei que era um sinal, uma bênção. Eu não senti, como sempre, antes, ao longo da minha vida, a necessidade de correr e cobrir meu sangramento. Era quase que uma afirmação de minha feminilidade, oferecer a última gota de meu sangue ao altar sagrado de minha vida anterior antes de ele ficar retido para sempre em poder da Mulher Sábia."

"Você o sentiu como um sacrifício de si própria em troca do poder?", perguntei-lhe.

"Sim, Lynn. Senti como se fosse o último sacrifício, uma oferenda de sangue, ao poder da Mãe Sagrada. E então acabou, como se minha introspecção tivesse acabado, como se finalmente estivesse curada, embora saiba que jamais ficamos completamente curadas em uma vida, mas senti-me de certa maneira realizada. Senti que dali em diante, em vez de sempre absorver a energia, implodindo-a e tentando acumulá-la, que ela estava acumulada e que dali em diante eu poderia explodi-la no mundo com meus cuidados, minha beleza e minha força. Ah!", ela disse. "E Lynn, essa explosão no mundo é o guerreiro oculto, não é? É, finalmente, o ato de erguer o escudo masculino na realização da sagrada dança da vida, quando a fêmea implode e o macho explode para a vida — uma manifestação de minha própria verdade e força vital. E o escudo de meu guerreiro oculto", ela disse, entusiasmada, "foi abençoado pela Mulher-Osso. Ela desperta esse escudo e o escudo dele é feito dos ossos sagrados dela."

"Ho!", exclamamos todas.

O bastão da fala percorreu todo o círculo até chegar a Olívia. Eu tinha lhe pedido que participasse de nosso encontro antes de prosseguir viagem para o sul. Olívia tinha grandes lágrimas em seus olhos castanhos. Ela disse: "Quero partilhar com vocês, minhas novas irmãs, algo que é muito importante para mim. Como vocês talvez saibam, meu útero foi removido e fui lançada na menopausa precocemente, sem ter tido tempo para preparar-me para os sentimentos que

244

ela desperta, como vocês fizeram. Minha menopausa teve início de um dia para outro, pela faca de um cirurgião. Meu encontro com a Mulher no Limiar de Dois Mundos foi diferente. Uma grande águia do leste desceu, levou-me em suas garras e sobrevoou o mundo comigo. De longe eu podia ver tudo embaixo — toda a dor, toda a luta e medo, como nuvens negras de tempestade sobre a terra. Senti que a Terra era meu útero e que minha criança mágica precisava ser parida para curar o sofrimento. Como um ovo gigantesco, concebi a idéia de uma nova vida para mim e meu povo. Senti-me triste no início, apesar de seu esplendor e meios de cura, triste por encontrar-me neste portal, porque há uma parte em mim que não queria nunca estar neste portal. Sentia-me mais completa quando estava esperando meus filhos, quando minha barriga estava prenhe de um pequeno ser.

"Mas agora compreendo que estou parindo de uma maneira diferente e que preciso trabalhar com minhas irmãs. Vou partilhar com vocês meu novo sonho." Olívia fez uma pausa. "Sei que preciso ensinar. Nunca me senti suficientemente segura como uma mulher de poder para ensinar. Esse sempre foi meu problema. Eu acumulei e acumulei, até meus cestos transbordarem de conhecimentos, mas jamais consegui expressar para o mundo o que eu tinha aprendido. Também senti aquela explosão, minhas irmãs. Senti que ela é a verdadeira iniciação da Mulher no Limiar de Dois Mundos. Ela permite e ajuda-nos a ter a capacidade para mudar o fluxo de energia e essa energia não está mais no processo de absorção, no processo de fazer um convite, que é, para mim, o poder da mulher. Agora, a alquimia realizou-se. Ela tocou-me com seu fogo e mostrou-me como retornar ao mundo e que sou como mulher. Lynn, entendo que esse retornar, que eu sempre fiz a partir do aspecto feminino de mim mesma, é agora feito pelo guerreiro oculto. E vou dançar com ele em volta do conselho de meus fogos interiores. Vou usar o xale da curandeira."

Ela ficou de olhos fechados por um bom tempo, como se estivesse procurando as palavras para explicar a profundidade de seus sentimentos. Quando ela os abriu, já estavam límpidos. A tristeza tinha desaparecido e uma grande alegria, uma luz sutil, envolveu sua face.

"É isso", ela disse. "Não conseguia entender como prosseguir. Como poderia continuar vivendo a vida tradicional que sempre levei sem minha fertilidade? Todas as nossas cerimônias são sobre a fertilidade, a reprodução, a morte e o ressurgimento da fertilidade de uma maneira ou de outra. Nossa vida diz respeito à fome, de nosso povo e de meu espírito. E, de alguma maneira, a fertilidade faz parte disso. Crescer e alimentar. Vocês entendem?"

245

Todas nós assentimos, amando-a profundamente.

"Vejo agora", Olívia disse, sua cabeça banhada na luz que chegava até nós através dos galhos das árvores como em uma auréola. "Sinto pela primeira vez que posso elevar-me acima dos homens. Apesar de compreender a superioridade da mulher, em minha aldeia nunca senti isso. Senti-me sempre na posição de servir. Não sinto mais isso. Muito pelo contrário, sinto que posso efetuar mudanças, que sou uma Mulher Transformadora e que posso levar uma nova visão a meu povo, particularmente às minhas semelhantes. *Isso* eu posso mostrar-lhes. Posso ajudá-las a iniciarem-se. Acho que a iniciação é efetuada com o guerreiro oculto. Ele concretizará minhas idéias. O guerreiro oculto faz parte de mim. Ele também sustenta meus ossos, minha estrutura, meu ponto de vista, e eu preciso conhecê-lo muito melhor. Muito obrigada, irmãs, pela atenção."

Permanecemos em silêncio escutando o vento sul nas árvores. Linda tinha uma bolota de carvalho na mão e colocou-a na boca. Em seguida, jogou-a no meio do círculo. "Posso falar, irmãs?"

"Ho!", exclamamos todas.

"Há uma parte em mim que tem muito ódio e raiva das desigualdades da vida, não apenas para com o meu povo, mas para com todas as pessoas. Não posso imaginar nada mais devastador sobre este planeta do que os seres humanos. Mas quando encontrei a Mulher no Limiar de Dois Mundos, algo dissolveu-se em mim. Coloquei aquela bolota na boca porque ela precisava sentir minha saliva. Ela queria ficar úmida. Eu queria ajudá-la no seu caminho. Quando encontrei a Mulher no Limiar de Dois Mundos, fui o alimento para a saliva da Grande Mãe. Eu queria que ela me digerisse, me engolisse, me transformasse e me cuspisse para que eu não sentisse mais a raiva e o ódio que estão ocultos em meu interior, porque tenho medo até de falar neles, pois parecem e são tão estúpidos. Descobri em nossa cerimônia que havia um processo de digestão. Eu também senti uma mudança de energia e senti que as coisas que eu tinha aprendido, mesmo quando criança, coisas há muito tempo esquecidas, surgiram diante de meus olhos em imagens. Eu as vi integradas pela primeira vez na vida. Acho que o motivo disso — não o tinha percebido até esta discussão — é que a mudança de energia que ocorreu naquela cerimônia levou-me, de alguma maneira, ao equilíbrio."

Lágrimas inundaram seus olhos enquanto ela falava. Observei a energia em volta de seu corpo passar de vermelha para uma linda cor rosada, o que para mim significava que ela havia equilibrado sua energia mental, aquela energia que está constantemente tentando ordenar as coisas em um lugar lógico. Vi como aquela energia tinha equilibrado sua sexualidade e sua capacidade de expressar-se fisicamente para o mundo.

"Sim, irmãs, senti-me profundamente mudada. Sou uma Mulher em Transformação. E sim, é verdade, também estava me voltando muito para dentro. Pareço uma vaca ruminando o que comeu." Rimos todas com ela. "Vinha ruminando meus problemas e os problemas do meu povo — o que fazer, o que não fazer — até ficar quase paralisada. E, então, a menopausa e o meu marido, que parecia rejeitar-me. Não sabia o que fazer. Uma noite, meus hormônios estavam totalmente desequilibrados e eu tive um terrível ataque de pânico. Fiquei estacionada diante de um pronto-socorro a noite inteira para o caso de eu precisar ser socorrida. Mas parei de lutar contra meu corpo e as ondas de calor. Eu as cavalgo agora como a um cavalo, a maior parte do medo já desapareceu. A maior parte do medo devia-se ao fato de eu não saber o que estava acontecendo comigo.

"De repente, as coisas ficaram diferentes. Sei que não posso ser alguém que não sou. Sou uma mulher que atravessou o limiar da menopausa e, sabem de uma coisa, pela primeira vez tenho orgulho disso. Tenho orgulho de tê-lo atravessado. Eu não sabia se ia conseguir sobreviver a essa iniciação. Sentia que, se não morresse, talvez me matasse, porque não tinha certeza de conseguir enfrentar a vida sem meu marido e sem seu desejo por mim. Mas, de repente, há um problema maior. Ele não está fora, mas dentro de mim. Esse problema maior é, talvez, o que você chamou de guerreiro oculto, Lynn. Talvez seja isso." Ela balançou a cabeça e disse: "Você sabe, eu venho sentindo essa presença desde a nossa iniciação na caverna e não estava entendendo o que era. Achei que talvez pudesse ser meu protetor. Mas não, não é um protetor fora de mim, é um protetor interior. É o escudo masculino gritando, exigindo atenção, um guerreiro forte. Como todas vocês, eu tenho me apresentado ao mundo através de meu escudo feminino, entretanto, talvez meu lado mais introspectivo seja este guerreiro oculto. Não é de surpreender que meu marido fique confuso quanto à minha identidade."

"Sim", eu disse, "isso o confunde. Confunde-o apenas porque, quando você se mostra mais suave, você assume o escudo masculino e não o feminino. Entendeu?"

"Acho que sim", ela disse. "Sei que há uma *anima* e um *animus* em todos nós, um macho e uma fêmea. Muitas pessoas não querem saber disso. Quando minha atuação no mundo se dava através de minha vida política, falando para meu povo, discursando em comícios, escrevendo e expondo minha verdade ao mundo, normalmente eu atribuía isso ao lado direito de meu ser, a meu lado masculino. Mas não é verdade, é?"

"Não", eu disse. "Não é. Sinto tanto amor por você, estou tão feliz por você ter percebido isso, porque vai curar uma grande ferida em você."

247

"Sim, eu sei. Eu agradeço à Mulher no Limiar de Dois Mundos por ter me mostrado isso. Ela é o espelho."

"Como ela lhe mostrou isso?", perguntei.

"Ela mostrou-me por ser ela própria muito equilibrada. Ela é uma deusa. É uma deusa poderosa. Ela entende de sacrifícios, sangue, guerra e ódio. Seu esqueleto foi forjado em um caldeirão e esse esqueleto ficou muito aparente para mim. Há uma assassina nela se você atacá-la ou atacar as pessoas que ela ama. Pude perceber que, em algum lugar dentro dela, há aço puro, que se você a confrontar belicosamente, ela a destruirá. Ela é afável e amorosa, mas é uma deusa e deusas sabem como defender-se. Ela jamais perderá seus ossos ou sua estrutura. Uma deusa sabe afirmar ao mundo quem ela é. Ela jamais pede aprovação, porque, se o fizer, estará demonstrando apenas fraqueza. Ela jamais duvida de si mesma. Ela esforçou-se por muito tempo, um tempo além de nossas percepções. Ela empenhou-se na busca da essência da verdade, afiou-se para alcançar um estado de perfeição e eu vi isso. Isso só pode ocorrer quando as energias masculinas e femininas estão perfeitamente equilibradas. Eu descobrir que a *men-o-pause*, exatamente como você disse, é o momento de se fazer uma pausa e considerar não apenas a deusa, mas a masculinidade interior. Essa faz parte da alquimia da passagem. É o atrito entre os lados masculino e feminino que acende o fogo que nos dá o ímpeto de realizarmos essa passagem e sermos fortes e é assim que eu sinto. Sinto a alquimia do fogo interior, que me transformou. Aprendi a dançar o fogo em vez de esconder-me dentro de mim mesma. Sem a menopausa, jamais teria aprendido isso. É o que vou fazer agora com meu marido. E acho que, ajudando meu marido a compreender isso..."

"Talvez você não precise dizer nada", disse, interrompendo-a. "Apenas sendo assim, como está sendo agora, já está a uma grande distância da mulher que eu conheci. Talvez, com a sua mudança, ele tenha que mudar também", completei.

"Sim, acho que sim, sinto assim. Confesso a todas vocês que, no momento em que retornei daquela cerimônia, meu marido pareceu desistir de algo que ele julgava precisar em nossa relação. Ele simplesmente abriu mão de alguma coisa e, ao fazer isso, a paixão retornou ao nosso casamento."

"Preciso fazer uma pergunta, Linda. Do que foi que ele abriu mão?"

Ela voltou lentamente o olhar para o chão e traçou um círculo com o medo na terra. Então, olhou para todas nós e disse: "Ele abriu mão de um mito".

"O que era esse mito?", perguntei.

"Era o mito dele, não meu, de quem eu tinha que ser para satisfazê-lo. E, de alguma maneira, ele simplesmente o deixou ir. Penso que, se os mitos são necessários à vida de alguém, tudo bem. Ele não comentou comigo ainda, mas acho que ele criou um novo mito. E tudo bem, porque este funciona. Qualquer que seja o mito, parece que ele não precisa mais de mim para ter filhos. Quando ele desistiu disso e percebeu que havia algo melhor por detrás dessa ameaça, ele recuperou seu estado de saúde e o mesmo aconteceu com nosso casamento."

"Ho!", exclamamos todas em uníssono.

Virei-me para Beth. "Tenho uma pergunta para fazer a você", disse. Ela sentou-se ereta e tomou um último gole de chá gelado. "Você se sente realizada com a Mulher no Limiar de Dois Mundos e com a maneira como você cresceu com essa experiência?"

Beth, à sua maneira pensativa usual, recostou-se e colocou no colo uma pequena almofada que ela trouxe para bordar enquanto conversávamos durante a tarde. "Eu tirei, acho, meus óculos cor-de-rosa", ela disse. "Sempre fui um pouco Poliana. Sempre fui tão inocente e ingênua." Todas nós rimos com ela, porque era verdade. "Algo no encontro com a Mulher no Limiar de Dois Mundos trouxe-me ao menos um passo mais próximo da realidade. Não vejo mais o mundo da mesma forma e não sei muito bem por quê."

"Tente explicar isso", eu pedi.

"Bem, sou mais jovem do que todas vocês, entretanto, nunca poderei ter filhos. Na verdade, eu não sabia se queria ou não viver. Não podia me imaginar não tendo uma família. Agora sinto como se o mundo fosse minha família. Sinto que vocês, irmãs, são minha família. Sinto, em certo sentido, como se estivesse parindo a mim mesma. Tomei conta de minha mãe por tanto tempo antes de ela morrer e ficamos muito próximas. Quando ela morreu, senti, como você, Lynn, quando sua mãe morreu, como se uma parte de mim tivesse ido com ela. Mas, ao andar pelo campo, depois de termos encontrado a Mulher no Limiar de Dois Mundos, tive uma visão de que estava caminhando com meu animal tutelar e senti que aquele animal era tão real quanto as árvores que me rodeavam. A visão que tive foi de que minha mãe tinha me parido, que houve um tempo em que vivi dentro de seu ventre, mas agora, através de sua morte, o círculo se completou."

"Como é isso?", perguntei.

"Ele está completo porque agora minha mãe vive no meu interior, como você disse, e por essa mágica lhe dou à luz todos os dias. Estarei manifestando um escudo feminino muito poderoso. Ainda não entendo o escudo masculino correspondente, o guerreiro oculto. É algo com que tenho que trabalhar. Mas vejo este escudo agora, sinto-o muito intensamente no meu interior esperando que tenha forças para expressá-lo. É isso o que o fogo fez para mim. Faço coisas com o fogo como o ferreiro forja o ferro. Às vezes, quando surgem as ondas de calor, vejo-as em cores e permito-me visualizar meus sonhos se realizando. Uso o calor para dar vida às imagens visualizadas. Em conseqüência disso, minhas pernas parecem não doer mais como doíam à noite e estou metabolizando muito melhor o cálcio. Estou reestruturando a minha vida com a Mulher-Osso. Quando a Mulher no Limiar de Dois Mundos apareceu diante de mim, a Mulher-Osso veio junto. Ela me disse que o segredo de minha vida estava guardado em meus ossos e que, para viver de outra maneira, preciso curá-los. A perda de cálcio era um sinal, um pedido de socorro dos meus ossos para que eu prestasse atenção ao que estava perdendo. Minhas pernas doíam. Não tinha pernas em que me apoiar. Como naquele dia na campina, Lynn, tenho que criar coragem, como a garça, para alçar vôo em busca de meu supremo sonho. Para voar, preciso de meu guerreiro oculto, meu aliado de poder. Eu sei disso agora e, enquanto falo, sinto-o intensamente. Não é sexual, mas um instinto selvagem por integridade, uma alquimia que está fermentando no caldeirão de meu espírito.''

Pegamos nossos tambores e batemos a pulsação rítmica da Mãe Terra por algum tempo. Depois, nos olhamos em silêncio e cada uma de nós sentiu-se apoiada, sabendo que a evolução e o sucesso de cada uma interessava a todas profundamente. Estávamos unidas, irmãs em espírito. Dei-lhes o capim seco e embrulhado e, ao nos despedirmos, nos abençoamos.

25
O PORTAL DA MULHER EM TRANSFORMAÇÃO

Passadas algumas semanas, fui para o norte para estar com minhas mestras. Ruby, Agnes e eu sentamo-nos na varanda da cabana de Agnes. Eu estava sentada no velho chão de tábuas, passando os dedos nos nódulos da madeira e traçando a circunferência de um antigo nó na madeira. Eu exultava de vitalidade e bem-estar. Havia um silêncio entre nós, um silêncio respeitoso que honrava a nossa presença e nossa necessidade de estarmos caladas. Olhei para a aurora boreal enchendo o céu de luzes vibrantes com manchas luminosas rosadas, laranja e douradas, como se o mundo estivesse sitiado em algum lugar longínquo. Mas, naquele instante, as luzes esplendorosas que eu tinha visto tantas vezes pareceram-me diferentes. Pareceram um pouco mais suaves, por um momento fugaz, como se os espíritos de todas as minhas aprendizes estivessem representados naquele espetáculo de luzes no céu. Vi o semblante de todas elas, repletos de vitalidade e vibração, e cada um irradiando cores únicas e extraordinárias no universo.

Virei-me para Agnes, que estava me observando há algum tempo, e perguntei: "Agnes, você nunca me falou de sua passagem pelo portal da Mulher em Transformação. Você nunca me falou sobre seu encontro com a Mulher no Limiar de Dois Mundos".

Agnes olhou rapidamente na direção de Ruby e de novo para mim com um largo sorriso, reluzindo seus dentes brancos perfeitos à luz do entardecer. "Ruby e eu fizemos a iniciação juntas", ela disse.

"Verdade?" Eu estava extremamente surpresa. De repente, compreendi que havia todo um espaço de tempo de suas vidas do qual eu não sabia nada. Estava ávida por ouvir o relato. "Agnes, fale-me sobre isso. Há muita coisa em sua vida que eu não conheço, tantas que jamais conseguirei saber."

"Mas minha filha", Agnes disse, de repente muito amável, colocando a mão em meu ombro, "você experiencia o resultado de minhas vidas, tudo o que eu me tornei, apenas estando sentada aqui nesta velha cadeira de balanço. Sinto-me realizada por nosso conhecimento e sabedoria juntas, minha filha. Sinto-me plena de amor." Lágrimas quase brotaram de meus olhos, tão tocada fiquei pela emoção em sua voz.

"Hum", exclamou Ruby. "Você demorou muito, Lobinha, para perguntar sobre nós. Demorou muito para querer saber de *nossa* experiência."

Encarei Ruby quase perplexa. Prendi a respiração para conter as lágrimas. "Certamente que perguntei algo sobre a passagem de vocês", eu disse.

Agnes com um sorriso e Ruby com uma expressão de injúria encararam-me.

"Bem, então chegou a hora", eu disse por fim, tendo que rir com elas.

Era sempe a postura de Ruby em minha vida com ela que me puxava de volta para a realidade, para o centro da verdade. Sempre que eu me perdia por um momento, perdia-me na confusão ou qualquer outra emoção, Ruby puxava-me de volta para o centro. Normalmente ela se comportava como o palhaço sagrado, cutucando-me, testando-me e até mesmo dando-me pontapés verbais quando era necessário, para puxar-me, afastar minha mente das ilusões da vida consciente e levar-me de volta ao contato com minha intuição e meu centro de poder. Muitas vezes, ouvi pessoas dizerem que ou adoram Ruby através de meus livros ou não gostam dela, absolutamente, ou que jamais foram capazes de se relacionar com ela, não a entenderam, nem minha relação com ela. Mas, na maioria das vezes, descobri que meus leitores ficam profundamente tocados por ela, como eu fiquei. É dela que tenho mais medo. Entretanto, é ela a benfeitora de meu espírito. Agnes é minha mestra, mas juntas elas trançaram este tapete que chamo de meu caminho — juntas. Com muito cuidado e grande respeito pelos mistérios da força do universo, elas ensinaram-me sobre o antigo poder feminino. É Ruby quem desperta meu senso de humor, minha paixão e minha ira. É ela quem me ajuda a entender o significado do amor e desperta o meu desejo com suas palavras. Seu senso de ocasião é impecável.

Recostei-me no pórtico enquanto Agnes levantava a cabeça para o céu com os olhos fechados. Ela colocou as mãos no regaço. "Ruby e eu passamos pela iniciação com a Mulher no Limiar de Dois

254

Mundos quando éramos muito mais velhas do que você", ela disse, abrindo os olhos e pendendo um pouco a cabeça.

Ela havia colocado um cobertor navajo vermelhas sobre o colo, para manter suas pernas aquecidas. Ela trazia três "trouxas de magia", muito velhas e adornadas com simples contas vermelha. Sua face nesse momento, em vez de profundamente sulcada e marcada pela vida e pelo tempo, parecia mais jovem, como se com suas palavras o corpo físico retrocedesse na história até o evento no qual ela estava pensando, o da menopausa.

"Estávamos na metade da casa dos cinqüenta", Agnes disse. "Como você sabe, Lobinha, eu tinha passado por muitas tragédias. Meu marido morreu num acidente quando derrubava árvores não muito tempo depois de nossa filha ter engatinhado para fora de nossa cabana, no extremo norte, durante uma tempestade de neve, e ter sido levada pelos nossos cães de trenós. Por causa daquela tragédia, e essa é uma história que você conhece bem mas que faz parte do quebra-cabeça, parte do escudo ao qual eu me refiro, eu não queria viver após ter perdido minha família. Queria apenas dormir o sono eterno. Quando vi que era impossível acabar com a minha própria vida, fui procurar uma mestra. Quando encontrei a Irmandade voltei a ser inteira, mas por causa daquela dor extraordinária, porque demorei muito a recuperar o meu poder, por algum motivo, minhas regras continuaram. Talvez para purificar-me todos os meses. Talvez para purificar meu corpo do que eu estava lhe impondo. Não sei. Mas não podia casar-me de novo. Tinha vivido com quem eu sentia que fora meu companheiro espiritual nesta vida. Foi apenas quando encontrei as mulheres da Irmandade dos Escudos que compreendi por que as coisas acontecem na vida. Compreendi que há uma razão para todo sofrimento, lutas e dificuldades por que todos nós passamos.

"Quando encontrei Ruby — que tinha sido estuprada e cujos olhos tinham sido furados pelas agulhas das bússolas dos agrimensores brancos — ela havia acabado de perder o marido. Ela havia perdido seu rumo e o grande curandeiro Sautox do norte entrou em seu corpo e espírito e curou-a com as forças do relâmpago e dos espíritos dos veados. Ele a curou de tal maneira que hoje ela enxerga melhor do que você ou eu. Mas, com aquela cura, ela também encontrou seu caminho de grande curandeira e mestra. Ruby é uma mulher *heyoka*, uma mulher com raízes no passado. Ela se entrega nos braços do Grande Espírito com absoluta confiança e inspira tal sabedoria a todas nós. Ruby sabe rir, Ruby sabe quão absurdo é tudo, particularmente quão absurdo é nos levarmos muito a sério. Sempre que você se leva demasiadamente a sério, Loba Negra, Ruby chega para visitá-la, não é mesmo?"

Assenti com a cabeça, entendendo perfeitamente o que ela estava dizendo e lembrando das cicatrizes que o provavam, que eu não trocaria por nada. Olhei para Ruby sentada imóvel como um poste em sua cadeira, com os olhos voltados para o horizonte, seus olhos azuis leitosos sem vista, mas com grande visão.

"Fomos iniciadas juntas, como você e Olívia, pela Irmandade dos Escudos. Um dia, sentei-me no charco perto do rio e deixei que o sangue de meu corpo, de minha feminilidade, de minha essência, escorresse para aquele charco como uma dádiva retornando à Mãe Terra. Lembro-me muito bem daquele dia. Naquela época, íamos para a morada da Lua, todas nós que sangrávamos ao mesmo tempo, porque quando vivíamos juntas em acampamento, todas as mulheres sangravam ao mesmo tempo e nós nos recolhíamos de bom grado na morada da Lua. Não era como as pessoas muitas vezes pensam, que as mulheres menstruadas são sujas e precisam isolar-se até a menstruação acabar, que de alguma maneira isso é uma maldição. Não. Era um período de comunhão, de risadas, que aguardávamos ansiosamente todos os meses. É algo que as pessoas de sua sociedade perderam completamente, o que me entristece muito, porque com isso", disse Agnes, "perde-se o ritmo da mãe natureza. Deixa-se de compreender o poder da Lua e das marés. Perde-se o contato com a fonte do poder, e a mulher é a fonte do poder, apesar de parecer estar há muito esquecida. Há, de fato, uma razão para isso."

Ruby e Agnes riram juntas feito crianças. Olhei maravilhada para elas, tentando entender e ver com a visão de minha mente um mundo que eu jamais conheceria. Foram elas que me inspiraram a escrever sobre o xamanismo e o poder pessoal.

Ruby balançou a cabeça e olhou para mim com uma piscadela e disse: "Você ensina e escreve sobre o coração e o espírito da mulher".

Eu pestanejei, olhando para ela e pensando: como é que elas percebem cada pensamento que me passa pela mente? De repente, Agnes e Ruby começaram a rir, batendo nas coxas e balançando de um lado para outro. Eu ri com elas. O que mais podia fazer senão rir? Certamente, eu não tinha aprendido de ninguém mais uma melhor compreensão da pulsação da natureza, que todos nós podemos sentir se abrirmos simplesmente nossos corações e sentidos. O xamanismo é o treinamento de algo que não podemos ver ou tocar. Implica tocar a energia; envolve aquela parte feminina instintiva de nossa consciência que grande parte da chamada civilização negou.

"Foi uma ocasião alegre", Agnes prosseguiu, "quando tivemos nossas últimas regras juntas, ambas sentadas naquele charco perto do rio. Sabíamos que era a última vez que estaríamos juntas na morada da Lua e no dia seguinte nos despedimos de nossas regras para sempre."

"Mas era hora", Ruby intrometeu-se. "Era hora de atravessarmos o portal. Era hora de elevarmos nossas varas sagradas de coração à Lua e de encontrarmos você, minha filha."

Minha cabeça deu um giro para olhar para Ruby. "O que é que você quer dizer com isso?"

"Foi então que fomos informadas sobre sua vinda", Agnes disse, sorrindo.

"Não entendo."

"Havia uma lenda sobre uma mulher branca que viria até nós. A Mulher do Limiar de Dois Mundos nos contou durante a nossa iniciação. A lenda também se referia ao cesto matrimonial, nosso cesto sagrado que foi tecido com os sonhos de todas as mulheres, nosso cesto cerimonial. Contava-se a lenda de um padre que viria até nós, se despojaria de seus parâmetros para aprender sobre o mundo do poder e se submeteria como aprendiz a Agnes Alce que Uiva. Dizia-se que aquele homem era mau. Que ela não conseguiria integrar sua natureza feminina a seu escudo masculino e que abandonaria os ensinamentos. Em sua raiva e frustração, ele roubaria o cesto matrimonial e, é claro, aquele homem era o Cão Vermelho. Dizia-se, então, que chegaria uma mulher branca querendo aprender e que seria ela quem resgataria o cesto matrimonial e o faria retornar às Sagradas Sonhadoras."

Olhei para o rosto de ambas, jamais tendo ouvido contar aquela lenda exatamente da maneira que elas a estavam me contando.

"Foi então", Agnes prosseguiu, "que ficamos sabendo que nossa vida se tornaria mais conhecida, que embora o mundo jamais pudesse nos ver como somos, a Irmandade dos Escudos se tornaria conhecida por outras culturas de todo o mundo e que essa mulher branca iria andar pelo mundo como uma de nossas irmãs, falando de nossa verdade e dos conhecimentos que tínhamos mantido em segredo por tanto tempo. Vimos, também, em nossas fogueiras ritualísticas, quando do estávamos sendo iniciadas, o tormento do mundo e a ecologia tão fora de equilíbrio, por causa do mau uso do dinheiro e da ênfase materialista de nossas sociedades. Vimos nossa Mãe Terra em perigo de entrar em colapso e morrer. Foi então que entendemos por que tínhamos que atravessar o portal da menopausa, empunhar nossos escudos e nossos tambores sagrados para reproduzirmos os batimentos cardíacos da Mãe Terra e fazê-la recuperar sua saúde e equilíbrio.

"Portanto, minha filha, é também a sua hora. É hora de você empunhar os tambores sagrados, os escudos sagrados de nossa Irmandade e percorrer a Mãe Terra, falando de nossa verdade e nosso amor por esta grande Mãe Terra que precisamos curar."

Ruby olhou para mim e estendeu suas mãos. Senti seus dedos entre os meus e a força de seu aperto.

"É hora, minha filha. Está quase escuro, hora em que o mundo se transforma e os mistérios do poder atravessam as encruzilhadas da terra. Venha, participe de nossa cerimônia."

"POST-SCRIPTUM"

Os eventos que ocorrem em sua vida — como casamento, morte, nascimento de um filho ou a menopausa — são espelhos que ajudam a crescer, se você os vir dessa maneira. Para crescer através de uma experiência, como a da menopausa, que está totalmente fora de seu controle, você precisa examinar todos os aspectos de como está reagindo ao fato. Em outras palavras, você precisa consultar seu médico e seu ginecologista, como também um endocrinologista, para entender os desequilíbrios que estão ocorrendo em seu corpo. Para entender tão plenamente quanto possível uma ocorrência clínica que ainda parece não ter sido muito bem investigada. Para entender como puder, não apenas as explicações dos médicos convencionais, mas também as dos homeopatas, sobre o que acontece quando os hormônios entram em estado de desequilíbrio. O que acontece quando os níveis de progesterona são mais baixos do que os de estrogênio ou vice-versa? E quanto à testosterona? Como ela lhe afeta emocional e energeticamente? Muitas pessoas não lhe darão respostas prontamente a essas perguntas, mas você poderá estudar por conta própria, conhecendo os dados referentes a seus próprios exames de sangue e sua biologia. Se um médico ou clínico colocar um gráfico ilegível diante de seus olhos, não descanse enquanto não entendê-lo perfeitamente. Descobri que precisava ser persistente para obter respostas de muitos médicos demasiadamente ocupados para poderem dedicar tempo a explicar as coisas de modo que eu as entendesse. Talvez, trabalhando com um mestre, médico ou homeopata experientes, acupressurista ou acupunturista, você possa chegar às suas próprias conclusões e aprender muito com essa investigação. Tudo isso faz parte de suas pesquisas como uma mulher de poder.

Há mais de uma década venho escrevendo sobre minha aprendizagem e meu caminho. Tem sido um grande prazer fazer isso. Prosseguindo em minha jornada, ficaria agradecida se você compartilhasse suas percepções comigo.

Por favor, escreva para:
Lynn Andrews
2934 1/2 Beverly Glen Circle
Box 378
Los Angeles, CA 90077
Estados Unidos

Não se esqueça de colocar seu nome e endereço para que eu possa dividir com você qualquer nova informação.

Em espírito,

Lynn V. Andrews